中国男足技术实力研究报告

（绿皮书 2016）

Research Report on Technique Strength of Chinese Men's Football Team

(Green Book 2016)

张　辉　成守彬　著

ZHEJIANG UNIVERSITY PRESS
浙江大学出版社

图书在版编目(CIP)数据

中国男足技术实力研究报告：绿皮书.2016 / 张辉，
成守彬著. —杭州：浙江大学出版社，2017.9
ISBN 978-7-308-17414-5

Ⅰ.①中… Ⅱ.①张… ②成… Ⅲ.①男子项目－足
球运动－实力(体育)－研究报告－中国－2016 Ⅳ.
①G843.92

中国版本图书馆 CIP 数据核字(2017)第 227869 号

中国男足技术实力研究报告(绿皮书 2016)

张　辉　成守彬　著

责任编辑	杨利军
文字编辑	孙　鹏
责任校对	沈巧华
封面设计	项梦怡
出版发行	浙江大学出版社
	（杭州市天目山路 148 号　邮政编码 310007）
	（网址：http://www.zjupress.com）
排　　版	杭州中大图文设计有限公司
印　　刷	浙江省良渚印刷厂
开　　本	787mm×1092mm　1/16
印　　张	9
字　　数	225 千
版 印 次	2017 年 9 月第 1 版　2017 年 9 月第 1 次印刷
书　　号	ISBN 978-7-308-17414-5
定　　价	68.00 元

前　　言

　　仔细观察 2016 年度的国足,你会发现它居然与 2015 年的境遇有许多相似之处。例如,2016 年 3 月,中国队先后以 4∶0 和 2∶0 击败马尔代夫队和卡塔尔队,并十分幸运地以 C 组第二名的成绩进入 2018 年俄罗斯世界杯亚洲区预选赛 12 强赛行列。这给国人带来了无比的喜悦,也再次燃起了人们对于中国队进军世界杯决赛圈的希望,就像 2015 年年初,中国队在第 16 届亚洲杯上有着极为出色的表现。但是,12 强赛的前 5 轮中,中国队客场 2∶3 负于韩国队,主场 0∶0 战平伊朗队,主场 0∶1 负于叙利亚队,客场 0∶2 负于乌兹别克斯坦队,主场 0∶0 战平卡塔尔队,5 战 2 平 3 负的成绩使得球迷们不得不像 2015 年年底那样再次开始计算中国队"理论"上还存在的出线概率。

　　影响国足成绩的原因是多方面的,有管理、联赛、青训、教练、运动员体能和心理等,甚至还有裁判水平,但运动员的技战术行为无疑是影响比赛成绩的核心因素。因此,在继 2015 年首次出版《中国男足技术实力研究报告(绿皮书 2015)》的基础上,我们再次发布《中国男足技术实力研究报告(绿皮书 2016)》,提供完整的国足及其对手的比赛数据和分析资料,期望能够为足球运动的发展做出我们力所能及的贡献。

　　与 2015 年度技术实力研究报告相比较,本书做了一些调整:第一章修改了若干观察指标及其相关的定义;在第二至四章中,数据分析过程进行了简化,仅对重要的进攻指标采用图示分析,增加了中国队进球和失球图例和比赛犯规统计,而攻守转换不再单独列为一个小节。全书共分为五章:第一章是比赛技术实力分析指标及修改说明,解释了每一项指标的定义及数据采集标准,修改部分使用斜体字予以区别;第二章、第三章和第四章分别是中国队参加世预赛亚洲区 40 强赛、热身赛和世预赛亚洲区 12 强赛的数据统计与分析;第五章为中国队 2016 年度技术实力水平的综合分析与评估。

　　浙江大学体育学系 2016 级博士研究生赵飞达同学参与了本书大量的数据整理与分析工作,在此深表感谢!

　　最后,再次真诚感谢广大读者朋友,并希望能够继续给我们提出更多、更好的修改意见,以便我们不断提高该项工作的研究水平。

张　辉　成守彬

2017 年 8 月于杭州

目　　录

第一章 比赛技术实力分析指标及修改说明

本研究报告是在 2015 年度足球比赛技术实力分析指标体系的基础上，根据足球比赛技战术的发展情况，对技术实力分析指标进行了调整，其中进攻指标体系有了较大的修改（斜体字部分）。

第一节 进攻指标及其操作定义

一、进攻指标体系

将比赛场地分为前场、中场和后场三个区域，以 5 分钟为一个时段，观察运动员的每一次技术行为，包括所有的进攻行为、定位球和射门等。

（一）进攻场地区域划分

根据现代足球进攻分析理论及本研究的需要，足球比赛进攻场地区域划分如图 1-1 所示。

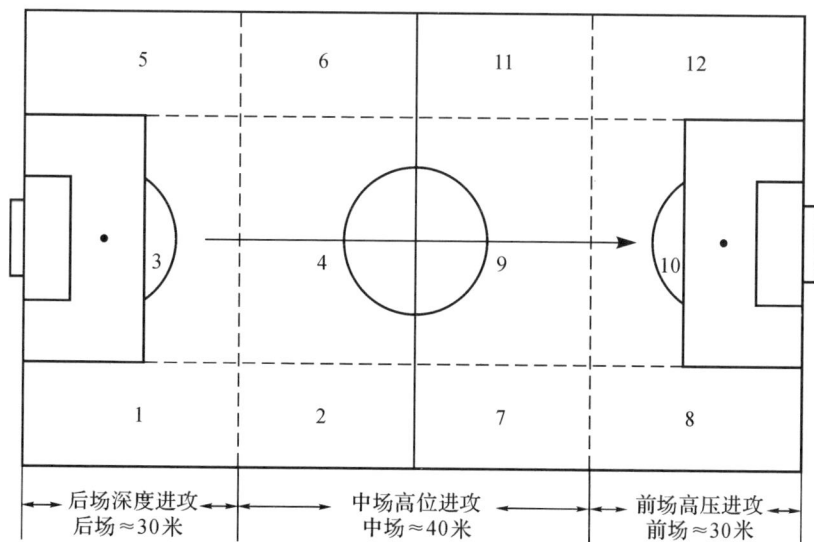

图 1-1 足球比赛进攻场地区域划分

（二）比赛时段划分

为了能够观察与分析球队在各个时段技术实力发挥的情况,本研究根据全场 90 分钟、伤停补时及加时赛等情况,将整场比赛以 5 分钟为一个时段对进攻技术行为进行观察(在技术统计处理时,目前暂时只划分为上、下半场)。

（三）进攻分析指标体系

足球比赛的进攻可分为整体进攻、定位球进攻和射门。其中,整体进攻又按照比赛场区分为前场配合进攻、中场阵地进攻和后场组织进攻;定位球进攻包括角球、前场 30 米任意球,如表 1-1 所示。由攻转守是一种比赛(战术)态势的转换,指一个球队进攻失败后,全队立刻由进攻转入防守状态,并不是某一项具体的技术行为。因此,在本文的研究中,只记录由攻转守的次数,这与 2015 年的技术实力研究报告有较大的差别。

表 1-1　足球比赛进攻分析指标

类别		分析指标
整体进攻	前场配合进攻	个人突破、边路传中、回头球、边路斜传、直传身后、中直传、短直传、中路传切、斜传身后、斜传边路、横传球、回传球
	中场阵地进攻	个人突破、斜传身后、直传身后、斜传转移、横传转移、长直传、中直传、短直传、中路传切、斜传边路、横传球、回传球
	后场组织进攻	带球反击、长传反击、斜传转移、长直传、中直传、短直传、横传球、回传球、球门球
射门与定位球进攻		运动战(禁区内、禁区外)、角球、前场 30 米任意球、点球

（四）进攻分值计算

进攻分值曲线是以 5 分钟为一个时段,依据球队在不同场地区域的进攻行为的得、失总分进行绘制,以判断比赛双方在整场比赛中进攻实力的变化趋势与特征,如表 1-2 所示。

表 1-2　比赛进攻行为得、失分评判值

场地区域	球推进并保留球权	丢失球权	射门
对方大禁区	+2.0	—	+3.5
前场 30 米	+1.0	—	+3.0
中场(对方场区)	—	−1.0	+2.5
后场	—	−2.0	—
进球	—	—	+5.0

二、进攻指标的操作定义

（一）整体进攻指标的定义与数据采集标准

1.个人突破:指个人带球通过变向、变速以及虚晃等假动作,造成对方防守队员位置或重心偏移,突破对方的防守。

数据采集标准:通过个人突破形成传中、射门,或者突破时造成对方犯规,或使球被对方踢出界外为成功;被对方防守队员截获或向回传球则为失误。

2.边路传中:指在前场边路区域,向前场中路或对方防守三区①中部区域的传球。

数据采集标准:传中的球被本方队员控制、射门,或造成对方犯规,或被对方踢出界外为成功;反之则为失误。

3.回头球:是前场进攻配合战术的一种,指进攻队员持球突入底线和小禁区边线附近,向大禁区线和罚球弧的同侧交叉点附近的传球并形成射门的一种战术配合。

数据采集标准:传出的回头球被本方队员控制、射门,或造成对方犯规,或被对方踢出界外为成功;反之则为失误。

4.边路斜传:是按球的运行轨迹划分的一种传球,是介于直传与横传之间的向前传球。本文指在进攻三区②边路向中路传出的斜传球。

数据采集标准:斜传出的球被本方队员控制,或造成对方犯规,或被对方踢出界外为成功;反之则为失误。

5.直传身后:是按球的运行轨迹划分的一种传球线路,球的运行轨迹基本上平行于边线,并将球直接传至对方防线身后空当,形成直接威胁对方球门的传球。

数据采集标准:直传至对方防守队员身后的球,被本方队员所控制,或造成对方犯规,或被对方踢出界外为成功;反之则为失误。

6.中直传:按球的运行距离划分的一种传球。一般 15～25 米的传球为中传。

数据采集标准:(在后场区域)向前中传的球为本方队员所控制,或造成对方犯规,或被对方踢出界外为成功;反之则为失误。

7.短直传:是按球的运行距离划分的一种传球,是指向前 15 米以内的直传球。

数据采集标准:短直传出的球为本方队员所控制,或造成对方犯规,或被对方踢出界外为成功;反之则为失误。

8.中路传切:是前场进攻三区进攻配合战术的一种,指在前场进攻三区的范围内,通过回传反切、踢墙式、后套、斜传直插、直传斜插等方式,突破对方防线的配合。

数据采集标准:通过以上的配合,突破对方的防线形成射门,或造成对方犯规,或使球被对方踢出界外为成功;反之则为失误。

9.斜传身后:在中场区域 45°角斜线传球,一般是在中场区域或后场的左右两侧或肋部③直接传入禁区内,为斜传身后。

数据采集标准:边路斜传至对方禁区内的球,被本方接球队员所控制、射门,或造成对方犯规,或被对方踢出界外则成功;反之则为失误。

10.斜传边路:指在边路以内的区域(包括边路区域),传球的线路介于直传和横传,向边线转移的传球。

---

① 防守三区:在本方后场端线向内延伸 30 米左右的区域内,本方防守的左路、右路、中路,为防守三区。

② 进攻三区:进攻方向距离对方端线垂直 30 米距离,对方防守的左路、中路、右路,为本方进攻三区。

③ 肋部:指进攻三区或防守三区边路与中路之间的区域。

数据采集标准:斜传边路的球为本方队员所控制,或造成对方犯规,或被对方踢出界外为成功;反之则为失误。

11.横传球:是按球的运行轨迹划分的一种传球,球的运行轨迹基本上平行于中场线。

数据采集标准:横传的球被本方队员控制,或造成对方犯规,或被对方踢出界外为成功;反之则为失误。

12.回球传:指在该区域传球的方向与进攻方向相反的一种传球。

数据采集标准:回传的球被本方队员控制,或造成对方犯规,或被对方踢出界外为成功;反之则为失误。

13.斜传转移:指介于直传与横传之间的传球,是有效突破对方防线的一种传球。

数据采集标准:斜传转移的球被本方队员控制,或造成对方犯规,或被对方踢出界外为成功;反之则为失误。

14.横传转移:是指传球线路基本平行于中线的传球,是进攻手段之一。通过有目的的横传,将球传向另一个处于位置更佳的进攻队员脚下,为选择更好的进攻区域服务。

数据采集标准:横传转移的球被本方队员控制,或造成对方犯规,或被对方踢出界外为成功;反之则为失误。

15.长直传:是按球的运行距离划分的一种传球,一般 25 米以上的传球为长传球。

数据采集标准:(在中场边路区域)长直传的球被本方队员控制,或造成对方犯规,或被对方踢出界外为成功;反之则为失误。

16.带球反击:指队员在中场或后场得球后,在对方未及时组织好防线时,快速向前带球寻找进攻机会。

数据采集标准:向前带的球未被对方截获,并形成威胁性传球、射门,或造成对方犯规,或被对方踢出界外为成功;向前带的球受到对方阻碍,延缓了向前带球的推进速度,或被对方截获则为失误。

17.长传反击:是按球的运行距离划分的一种传球。一般 25 米以上的传球为长传球。这里是指在中后场区域,由守转攻时通过快速的长传球对对方球门形成威胁的反击。

数据采集标准:快速长传的球被本方队员控制,或造成对方犯规,或被对方踢出界外为成功;反之则为失误。

18.球门球:对方球员将球踢出本方端线,本方球员将球放在球门区内踢出恢复比赛。

数据采集标准:通过球门球踢出的球被本方队员控制,或造成对方犯规,或被对方踢出界外为成功;反之则为失误。

(二)射门与定位球进攻的定义与数据采集标准

1.禁区内射门:在前场进攻中,通过个人带球、各种传球及二过一配合、传中,将球传至禁区内形成并完成射门。

数据采集标准:在禁区内射门,无论是射高、射偏、被挡、进球,均为射门;进攻球员把球射在对方球门的门框以内(包括射中横梁、立柱)为射正;在禁区内射门,球的整体越过球门线,为禁区内射门进球。

2.禁区外射门:在前场大禁区以外,通过个人带球、各种传球及二过一配合、横传,16.5 米以上的射门。

数据采集标准：在禁区外射门，无论是射高、射偏、被挡、进球，均为射门；队员把球射在对方球门的门框以内（包括射中横梁、立柱）为射正；在禁区外射门，球的整体越过球门线，为禁区外射门进球（补射进球另外计算）。

3.角球进攻：指利用角球组织的进攻战术，分为三种：(1)直接利用弧线球射门；(2)直接将球踢向球门区由本方队员完成射门；(3)通过短传战术配合完成进攻射门。

数据采集标准：角球发出后，在无人触碰的情况下偏出、高出，没有形成射门的为失误；角球发出后，三脚之内的传球形成射门的为射门，把球射在对方球门的门框以内（包括射中横梁、立柱）为射正；角球发出后，三脚之内形成射门，球的整体越过球门线为进球。

4.前场30米任意球：是定位球战术的一种，指在前场30米进攻三区内，利用发直(间)接任意球组织进攻的战术配合手段。

数据采集标准：无论发出的是直接任意球还是间接任意球，只要没有形成射门的均为失误；任意球罚出后，无论是射高、射偏、被挡、进球均为射门；进攻球员把球射在对方球门的门框以内（包括射中横梁、立柱）为射正；任意球罚出后，三脚(触球)之内形成射门，球的整体越过球门线，为任意球进球。

5.点球：主罚队员在罚球点（距门线12码）进行射门的行为。

数据采集标准：主罚队员射门，球的整体越过球门线，或者被对方守门员扑出后，进攻队员补射后球的整体越过球门线为进球；否则为失误。

第二节　防守指标及其操作定义

一、防守指标体系

与进攻指标体系相同，也将比赛场地分为前场、中场和后场三个区域，以5分钟为一个时段，观察与分析个人和小组的每一个技术行为，包括所有的个人防守、小组防守、定位球防守和守门员防守等。

（一）防守场地区域划分

根据现代足球防守分析理论及本研究的需要，将比赛场地划分为前场高压防守区域、中场高位防守区域和后场深度防守区域，如图1 2所示。

（二）比赛时段划分

与进攻分析相同，仍然以5分钟为一个时段对防守技术行为进行观察（在技术统计处理时，目前暂时只划分为上、下半场）。

（三）防守分析指标体系

依据斯蒂芬亚(德国)的足联A级教练员培训教程，结合现代足球防守理论，本研究将足球比赛防守分析指标体系划分为整体防守（小组防守、个人防守）、定位球防守、射门防守、守门员防守和犯规5部分，如表1-3所示。由守转攻也是一种比赛(战术)态势的转换，指一个球队防守成功后，全队立刻由防守转入进攻状态，并不是某一项具体的技术行为。因此，在本文的研究中,只记录由守转攻的次数,这也与 2015 年的技术实力研究报告有较大的差别。

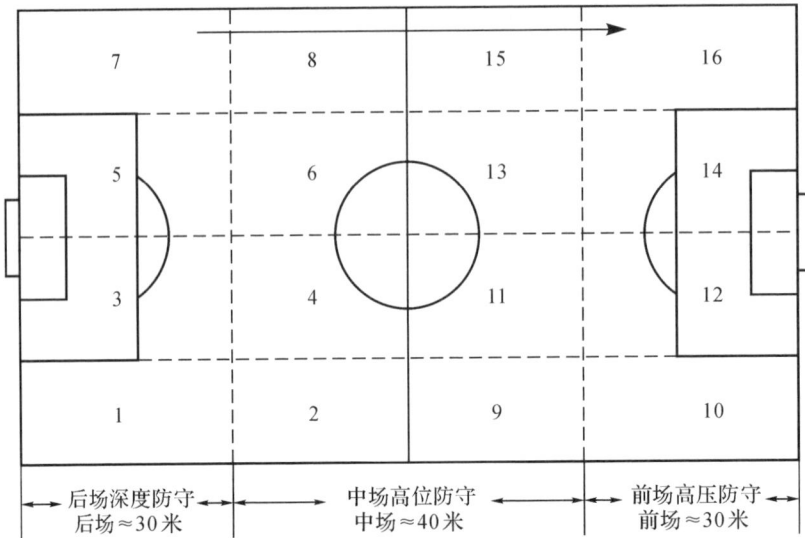

图 1-2　足球比赛防守场地区域划分

表 1-3　足球比赛防守分析指标

类别			分析指标
整体防守	前场高压防守	个人	施压、无压、反抢、1v1 防守、抢断、拦截、铲球、犯规
		小组	压迫、保护
	中场高位防守	个人	施压、无压、反抢、1v1 防守、抢断、拦截、铲球、回追、争顶
		小组	压迫、保护
	后场深度防守	个人	施压、无压、反抢、1v1 防守、抢断、拦截、封堵、铲球、回追、争顶、解围
		小组	压迫、保护、补位
定位球防守			角球防守、前场 30 米任意球防守
射门防守			射门(禁区内、禁区外)防守
守门员防守			正面接球、扑球、扑单刀球、托球、摘传中球、脚挡、禁区外抢断、拳击球、守点球
犯规			犯规、黄牌、红牌

(四)防守分值计算

防守分值曲线也是以 5 分钟为一个时段,依据球队在不同场地区域防守行为的得、失总分绘制而成的,它可以判断比赛双方在整场比赛中防守实力的变化过程与特征,如表 1-4 所示。

表 1-4　比赛防守行为得、失分评判值

场地区域	获得球权	丢失球权	被射门
对方大禁区	＋3.0	—	—
前场 35 米	＋2.0	—	—
中场	＋1.0	−1.0	−2.5
后场 35 米	＋2.0	−2.0	−3.0
本方大禁区	＋3.0	−3.0	−3.5
被进球	—	—	−5.0

二、防守指标的操作定义

（一）整体防守指标的定义与数据采集标准

1. 施压：指对方持球时，上前封闭持球人空间，限制持球人射门、向前传球、传中和向前带球等下一步的行动，将持球人驱赶至边路或设计好的区域，为下一步实施逼抢做准备。

数据采集标准：在对方持球时，限制住对方持球人射门、向前传球、传中和向前带球等下一步行动，并迫使对方向回带球、向回传球、横传球，延缓对方进攻发展的行为为成功；否则为失误。

2. 无压：无压与施压是相对应的行为，指对方持球时，防守队员无人主动限制持球队员的空间，任由对方持球队员向前带球、向前传球、射门等行为。

数据采集标准：在任何比赛场地区域，只要进攻方持球队员与防守队员之间的距离超过5 米，防守队员任由持球队员射门、向前传球、传中和向前带球等下一步的行动均为无压。

3. 反抢：指由攻转守时，即丢球后第一时间进行的逼抢。

数据采集标准：在丢球瞬间立即上抢，将对方控制或向前推进的球抢下来，或者将对方的控球破坏掉为反抢成功；让对方持球队员向前带球、传球、射门或犯规为反抢失误。

4. 1v1 防守：指在对方单个队员控球时，单个防守队员将对方的控球破坏掉，或抢下，或使对方无法控球。

数据采集标准：在实施 1v1 逼抢时，能够将对方持球队员突破的球抢下，或破坏，或延缓对方向前进攻速度的行为均为成功；否则为失误。

5. 抢断：指对方进攻时，防守球员成功抢断球或阻截球。抢断成功包括拦截，但不包括对手传球明显失误所导致的阻截成功。

数据采集标准：在规则允许的情况下夺取对方所控制的球，延缓对方一次进攻的行为为成功；否则为失误。

6. 拦截：指对方传球时，在对方同伴获得球之前截获球。

数据采集标准：在实施拦截时，防守队员获得球权为成功；否则为失误。

7. 铲球：指防守队员利用倒地时的身体滑行，伸腿将对方控制的球或传出的球截获或将球破坏掉的行为。

数据采集标准：在铲球时，防守队员获得球权或将球破坏掉为成功；否则为失误，如防守队员在铲球时犯规也为失误。

8.回追:指对方形成进攻后,防守队员快速对向前推进的持球队员进行追截的一种防守行为。

数据采集标准:回追防守时,截获对方队员的持球或破坏对方的进攻为回追成功;否则为失误。

9.争顶:指面对空中来球时,双方队员同时跳起运用头顶球技术争抢球的一种防守行为。

数据采集标准:在争顶时,队员获得球权或将球破坏掉为成功;否则为失误,如队员在争顶时犯规也为失误。

10.封堵:指防守队员以封闭、堵塞对方持球队员射门、传球和带球方向为主,并伺机抢球的一种防守行为。

数据采集标准:进攻队员在射门、传球、向前带球时,防守队员利用身体(手除外)堵住对方球员踢出的球,限制了进攻发展的行为为成功;否则为失误。

11.解围:指在特定区域内,当对方队员紧逼或形成两抢①时,无目标地将球踢向前场、边线或底线,以缓解防守压力的行为。

数据采集标准:在解围时,防守队员获得球权或将球破坏掉为成功;否则为失误,如防守队员在解围时,踢出的球被对方控制也为失误。

12.压迫:指 2～4 名队员快速形成压迫小组,对对方持球队员进行封闭、阻断、驱赶、上抢的一种防守形式。典型的压迫阵型有三角形、菱形和四边形,队员通过封闭、移动、上抢等手段,获得球权或破坏对方球权。

数据采集标准:在压迫时,防守方获得球权或将球破坏掉为成功;否则为失误,如防守队员在压迫时,对方将球传出、带出压迫区域或犯规也为失误。

13.保护:是防守中一种集体配合的方法,指防守方进行个人和小组防守的时候,其他队员在不同区域占据有效空当,形成人员密集,以封闭与阻断对方的接应,从而对个人和小组防守起到了保护的作用。例如,局部形成三角、菱形阵型,防守人员密集,能够限制对方接应与传球等。

数据采集标准:对方突破个人和小组防守后,被防守方截获、封堵或破坏掉为成功;否则为失误。

14.补位:指防守队员在同伴出现漏洞时所采取的补救行为。

数据采集标准:对方突破个人和小组防守后,被防守方截获、封堵或破坏掉为成功;否则为失误。

15.犯规:指在防守中出现推、拉、踢、打、绊、手球等动作。

数据采集标准:在任何场区,出现上述犯规行为,被判罚任意球的情况为犯规。

(二)射门与定位球防守的定义与数据采集标准

1.防守禁区内射门:指对方在禁区内射门时,防守队员对射门队员的抢断、争顶、封堵、解围等防守行为。

数据采集标准:防守队员在禁区内截获或破坏掉对方的射门为成功;否则为失误。

---

① 两抢:指双方距离相等,都可以抢到球的一种状况,是足球的一个专业术语。

2.防守禁区外射门:指对方在禁区外射门时,防守队员对射门队员的抢断、争顶、封堵、解围等防守行为。

数据采集标准:防守队员在禁区外截获或破坏掉对方的射门为成功;否则为失误。

3.防守角球:指当对方角球进攻时所采取的防守行为。

数据采集标准:防守角球时,能够争抢第一落点球和(或)二点球,将对方即将形成射门的球截获或破坏掉为防守角球成功;若对方发出的角球形成射门或二次射门为角球防守失误。

4.防守后场 30 米任意球:指当对方在(本方)后场 30 米区域内进行任意球进攻时所采取的防守行为。

数据采集标准:防守对方任意球进攻时,能够破坏对方的直接射门、间接射门或人墙封堵、守门员接球为防守成功;若对方发出的任意球形成射门或形成二次射门为失误。

5.防守点球:指对方点球射门时,守门员所采取的防守行为。

数据采集标准:对方点球射门后,被守门员截获、挡出、解围或者对方射偏、射高等为点球防守成功;反之则为失误(失球)。

第三节　足球比赛综合实力系数计算方法

在足球比赛中,球队的成绩始终受到进攻与防守两方面实力的影响,同时,影响这两方面的因素又非常多,因此采用一种简易的综合实力计算方法,即既考虑其进球数与失球数,同时更关注射门与被射门次数,这样才能客观地反映球队真实的比赛实力。它们的关系是,进球数与射门次数是比赛实力的增函数;失球数与被射门次数是比赛实力的减函数。根据这一关系的性质,构建了足球比赛实力系数公式:

$$CS = \sqrt{\frac{e^{a_1} + b_1}{e^{a_2} + b_2}} \tag{1}$$

在公式(1)中,e 为自然对数,a_1 为每场比赛进球数,a_2 为每场比赛失球数,b_1 为每场比赛射门次数,b_2 为每场比赛被射门次数。

第二章 世预赛(40强赛)技术实力分析

2015年,由于中国队在世界杯亚洲区预选赛40强C组的比赛中连续战平中国香港队,中国队主教练佩兰被迫离职。2016年年初,高洪波接任中国队主教练,带领中国队参加余下的两轮比赛,即第九轮对阵马尔代夫队和第十轮对阵卡塔尔队。中国队在比赛中以4:0战胜马尔代夫队和2:0战胜卡塔尔队,并幸运地以C组第二名的成绩进入世界杯亚洲区预选赛12强的比赛。

第一节 中国队(主场)与马尔代夫队比赛技术实力分析

2016年3月24日,中国队在武汉体育中心对阵马尔代夫队,比赛结果为4:0。姜宁在第1分40秒、第83分36秒和第90分05秒时共攻入3球,杨旭在第11分32秒时头球破门。

一、中国队与马尔代夫队出场阵容

本场比赛中国队采用4-2-3-1阵型,马尔代夫队采用4-3-3阵型(见图2-1),具体比赛球员名单如表2-1所示。

表2-1 中国队与马尔代夫队首发和替补队员名单

	中国队			马尔代夫队		
	曾诚	(1)	门将	伊姆兰	(22)	门将
	赵明剑	(13)	后卫	贾西姆	(2)	后卫
	任航	(2)	后卫	艾哈迈德	(4)	后卫
	冯潇霆	(6)	后卫	艾哈迈德	(17)	后卫
	李学鹏	(4)	后卫	萨姆都	(8)	后卫
首发队员	吴曦	(15)	前卫	伊斯迈尔	(10)	前卫
	蒿俊闵	(11)	前卫	阿沙德	(12)	前卫
	姜宁	(19)	前卫	阿里	(13)	前卫
	武磊	(7)	前卫	哈姆扎	(16)	前锋
	于海	(21)	前卫	纳希德	(14)	前锋
	杨旭	(9)	前锋	哈桑	(11)	前锋

	中国队	马尔代夫队
替补队员	郜林(18)22 分钟 ⇆ 于海(21)	伊布拉辛(20)50 分钟 ⇆ 哈桑(11)
	黄博文(16)45 分钟 ⇆ 吴曦(15)	雅明穆萨(23)86 分钟 ⇆ 伊斯迈尔(10)
	于大宝(22)64 分钟 ⇆ 武磊(7)	

图 2-1 中国队与马尔代夫队比赛阵型

二、中国队与马尔代夫队比赛进攻行为分析

(一)中国队与马尔代夫队比赛进攻行为数据统计

1.各区域进攻行为与时段

中国队与马尔代夫队比赛进攻行为数据统计如表 2-2 所示。中国队全场比赛进攻行为(不包括射门和定位球进攻,下同)749 次,成功率为 85.71%;马尔代夫队为 266 次,成功率为 59.40%。中国队的进攻能力明显高于马尔代夫队。

其中,中国队前场进攻行为 253 次,成功 182 次,成功率为 71.94%;马尔代夫队为 32 次,成功 20 次,成功率为 62.50%。中国队中场进攻行为 438 次,成功 407 次,成功率为 92.92%;马尔代夫队为 104 次,成功 74 次,成功率为 71.15%。中国队后场进攻行为 58 次,成功 53 次,成功率为 91.38%;马尔代夫队为 130 次,成功 64 次,成功率为 49.23%。

中国队上半场进攻行为 362 次,成功 313 次,成功率为 86.46%;马尔代夫队为 144 次,成功 92 次,成功率为 63.89%。中国队下半场进攻行为 387 次,成功 329 次,成功率为 85.01%;马尔代夫队为 122 次,成功 66 次,成功率为 54.10%。中国队下半场的进攻次数比上半场略多,而马尔代夫队上半场的进攻次数比下半场略多。

表 2-2　中国队与马尔代夫队比赛各场区进攻行为统计

单位:次

			前场			中场			后场			合计
			左边	中路	右边	左边	中路	右边	左边	中路	右边	
中国队	上半场	成功	27	18	27	84	92	34	7	17	7	313
		失误	14	8	9	1	8	4	3	1	1	49
	下半场	成功	53	44	13	80	76	41	3	17	2	329
		失误	12	17	11	10	2	6	0	0	0	58
马尔代夫队	上半场	成功	11	2	1	18	19	10	3	20	8	92
		失误	1	6	0	4	7	7	3	17	7	52
	下半场	成功	2	1	3	6	10	11	6	25	2	66
		失误	1	2	2	8	2	2	2	32	5	56

2.射门与定位球进攻

中国队与马尔代夫队比赛射门与定位球进攻情况如表 2-3 所示。中国队运动战禁区内射门 32 次(射正 16 次,进 4 球),禁区外射门 4 次(射正 3 次);左侧角球 10 次(失误 9 次,射门 1 次),右侧角球 5 次(失误 3 次,射门 2 次);前场 30 米任意球进攻 4 次(失误 3 次,射门 1 次)。全场比赛射正率为 52.78%,进球率为 10.00%。

马尔代夫队全场比赛共射门 6 次,其中,运动战禁区内射门 5 次(射正 2 次),前场 30 米任意球射门 1 次。

表 2-3　中国队与马尔代夫队比赛射门与定位球进攻数据统计

单位:次

			运动战		角球		前场 30 米任意球			点球	合计
			禁区内	禁区外	左侧	右侧	左侧	中路	右侧		
中国队	上半场	失误	0	0	6	2	2	0	0	0	10
		射门	13	1	1	1	0	0	0	0	14/2
		射正	9	1	0	0	0	0	0	0	10
		进球	2	0	0	0	0	0	0	0	2
	下半场	失误	0	0	3	1	0	1	0	0	5
		射门	19	3	0	1	1	0	0	0	22/2
		射正	7	2	0	0	0	0	0	0	9
		进球	2	0	0	0	0	0	0	0	2

续表

			运动战		角球		前场 30 米任意球			点球	合计
			禁区内	禁区外	左侧	右侧	左侧	中路	右侧		
马尔代夫队	上半场	失误	0	0	0	0	0	0	0	0	0
		射门	2	0	0	0	1	0	0	0	2/1
		射正	1	0	0	0	0	0	0	0	1
		进球	0	0	0	0	0	0	0	0	0
	下半场	失误	0	0	0	0	0	0	0	0	0
		射门	3	0	0	0	0	0	0	0	3
		射正	1	0	0	0	0	0	0	0	1
		进球	0	0	0	0	0	0	0	0	0

注：1. 射正率＝[射正次数/（禁区内射门次数＋禁区外射门次数）]×100%；
　　进球率＝（进球数/射门总次数）×100%。
　　2. 合计栏中斜线"/"前的数字表示运动战中的射门次数；斜线"/"后的数字表示定位球（角球和前场 30 米任意球）射门的次数。下同。

（二）中国队与马尔代夫队比赛进攻态势变化

中国队与马尔代夫队比赛进攻态势变化曲线如图 2-2 所示。在整场比赛中，中国队的进攻处于绝对优势地位，且下半场的进攻优势更大。而马尔代夫队基本上无有效的进攻，大部分时间其进攻曲线为负值。

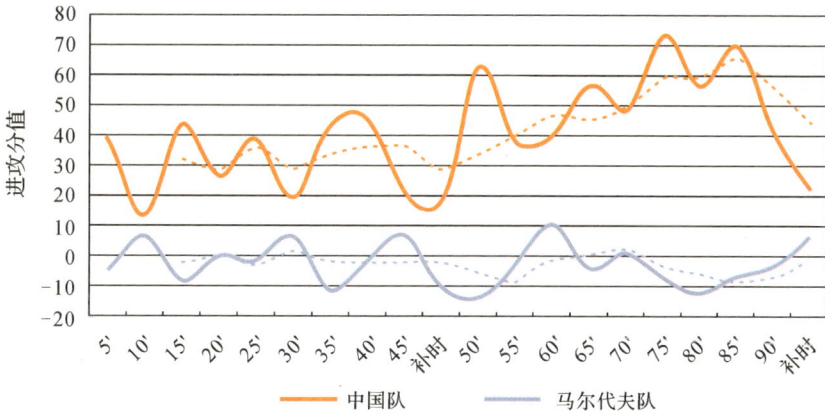

图 2-2　中国队与马尔代夫队比赛进攻态势变化曲线
注：图中的虚线为进攻分值移动平均值，步长为 3。下同。

（三）中国队与马尔代夫队比赛进攻技术行为运用

1. 比赛进攻技术行为运用情况

在本研究中，横传球和回传球为过渡性技术，其他为主要进攻性技术（下同）。中国队与马尔代夫队比赛进攻技术行为统计如表 2-4 所示。在中国队主要进攻性技术行为中，短直传成功 135 次，失误 16 次，成功率为 89.40%；边路传中成功 18 次，失误 25 次，成功率为

41.86%；个人突破成功 17 次，失误 15 次，成功率为 53.13%；直传身后成功 19 次，失误 11 次，成功率为 63.33%；斜传身后成功 17 次，失误 11 次，成功率为 60.71%；中直传成功 45 次，失误 5 次，成功率为 90.00%；斜传边路成功 23 次，失误 2 次，成功率为 92.00%。

在中国队过渡性技术使用中，横传球成功 208 次，失误 10 次，成功率为 95.41%；回传球成功 133 次，失误 7 次，成功率为 95.00%。中国队进攻中由攻转守 107 次，其中前场 80 次，中场 24 次，后场 3 次。

在马尔代夫队主要进攻性技术行为中，短直传成功 30 次，失误 21 次，成功率为 58.82%；长直传成功 3 次，失误 7 次，成功率 30.00%；中直传成功 28 次，失误 16 次，成功率为 63.64%；斜传边路成功 13 次，失误 8 次，成功率为 61.90%；长传反击成功 1 次，失误 12 次，成功率 7.69%；球门球成功 4 次，失误 11 次，成功率为 26.67%。

在马尔代夫队过渡性技术使用中，横传球成功 36 次，失误 8 次，成功率为 81.82%；回传球成功 27 次，失误 8 次，成功率为 77.14%。马尔代夫队进攻中由攻转守 125 次，其中前场 21 次，中场 58 次，后场 46 次。

表 2-4　中国队与马尔代夫队进攻技术行为统计

单位:次

			短直传	边路传中	回头球	边路斜传	斜传分边	个人突破	直传身后	中路传切	斜传身后	长传转移	横传转移	长直传	中直传	斜传边路	带球反击	长传反击	斜传转移	球门球	横传球	回传球	攻转守	合计
中国队	前场	成功	21	18	2	4	7	17	12	6	6	0	0	0	0	0	0	0	0	0	47	42	80	182/80
		失误	8	25	0	2	0	14	5	2	2	0	0	0	0	0	0	0	0	0	8	5	0	71
	中场	成功	96	0	0	0	0	0	7	1	11	5	0	1	38	17	0	0	0	0	144	87	24	407/24
		失误	6	0	0	0	0	1	6	0	9	0	0	0	3	2	0	0	0	0	2	2	0	31
	后场	成功	18	0	0	0	0	0	0	0	0	0	0	0	7	6	0	0	0	1	17	4	3	53/3
		失误	2	0	0	0	0	0	0	0	0	0	0	0	2	0	0	1	0	0	0	0	0	5
	小计	成功	135	18	2	4	7	17	19	7	17	5	0	1	45	23	0	0	0	1	208	133	107	642/107
		失误	16	25	0	2	0	15	11	2	11	0	0	0	5	2	0	1	0	0	10	7	0	107
马尔代夫队	前场	成功	1	0	0	2	0	3	1	0	1	0	0	0	0	0	0	0	0	0	6	6	21	20/21
		失误	0	2	0	0	1	4	1	1	1	0	0	0	0	0	0	0	0	0	1	1	0	12
	中场	成功	14	0	0	0	0	0	3	5	0	0	1	1	10	2	0	0	0	0	21	17	58	74/58
		失误	8	0	0	0	0	3	1	0	2	0	0	5	4	2	0	0	0	0	3	2	0	30
	后场	成功	15	0	0	0	0	0	0	0	0	0	0	2	18	11	0	1	0	4	9	4	46	64/46
		失误	13	0	0	0	0	0	0	0	0	0	0	2	12	6	1	12	0	11	4	5	0	66
	小计	成功	30	0	0	2	0	3	4	5	1	0	1	3	28	13	0	1	0	4	36	27	125	158/125
		失误	21	2	0	0	1	7	2	1	3	0	0	7	16	8	1	12	0	11	8	8	0	108

注:攻转守是一种比赛(战术)势态转化,因此在合计栏中没有作为一次具体的技术行为进行统计,其次数列于斜线"/"后。下同。

2.威胁性进攻技术行为分析

中国队对马尔代夫队比赛威胁性进攻技术运用情况如图 2-3 所示。在前场有威胁的进攻中,个人突破成功 17 次,失误 14 次,成功率为 54.84%;边路传中成功 18 次,失误 25 次,成功率为 41.86%;回头球成功 2 次;边路斜传成功 4 次,失误 2 次,成功率为 66.67%;直传身后成功 12 次,失误 5 次,成功率为 70.59%。在中场,个人突破失误 1 次;斜传身后成功 11 次,失误 9 次,成功率为 55.00%;直传身后成功 7 次,失误 6 次,成功率为 53.85%。在后场,长传反击失误 1 次。

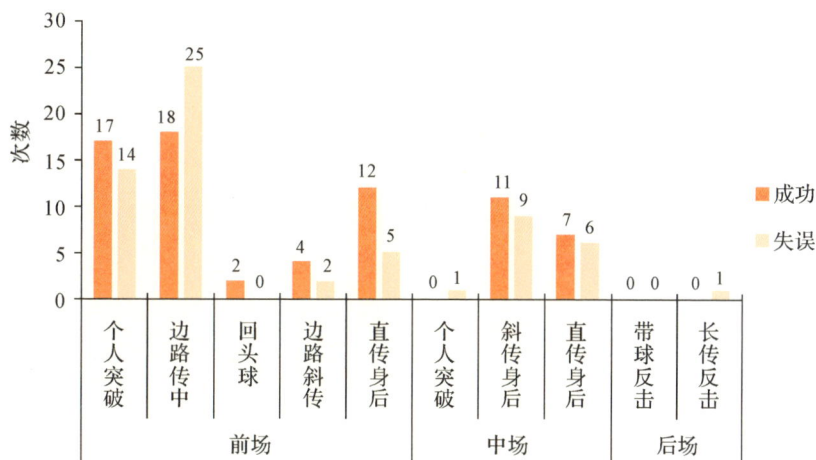

图 2-3　中国队对马尔代夫队比赛威胁性进攻技术运用情况

马尔代夫队对中国队比赛威胁性进攻技术运用情况如图 2-4 所示。在前场有威胁的进攻中,个人突破成功 3 次,失误 4 次,成功率为 42.86%;边路传中失误 2 次;边路斜传成功 2 次;直传身后成功 1 次,失误 1 次,成功率为 50.00%。在中场,个人突破成功 1 次,失误 1 次,成功率为 50.00%;斜传身后成功 2 次,失误 2 次,成功率为 50.00%;直传身后成功 4 次,失误 3 次,成功率为 57.14%。在后场,带球反击失误 1 次;长传反击成功 1 次,失误 12 次,成功率为 7.69%。

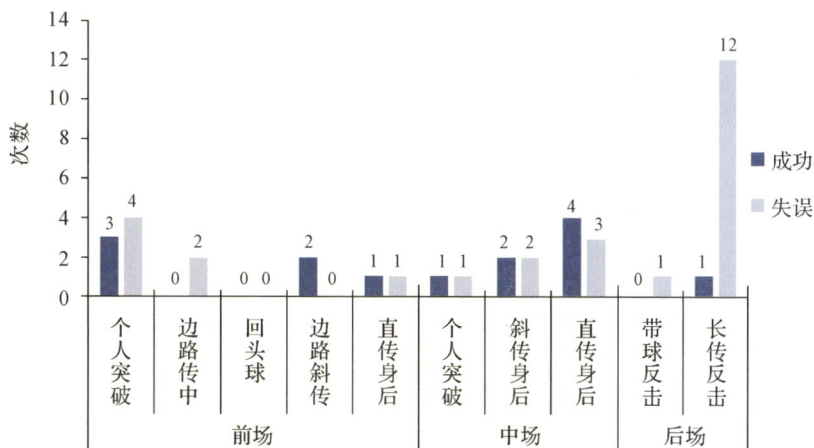

图 2-4　马尔代夫队对中国队比赛威胁性进攻技术运用情况

由于对手实力较弱,中国队的进攻全面占据主动。中国队主要进攻方式是通过短直传向前推进(短直传 151 次,成功率为 89.40%)。在威胁性技术运用中,个人突破、边路传中和中前场的直传身后和斜传身后为中国队的主要进攻手段,但失误率较高,而前场、中场的直传身后和斜传则有较高的成功率。

马尔代夫队的各项进攻指标数据均较低,全场基本上处于防守的状态下。马尔代夫在进攻中运用次数最多的是个人突破和中场的直传身后,但是成功率不高,受到中国队防守的限制。

(四)中国队进球分析

中国队本场比赛以 4:0 战胜马尔代夫队。中国队的第一个进球在上半场第 1 分 40 秒时,中国队中场左路直塞对方边后卫身后空当,武磊插上跑向边路身后空当,然后边路传中,姜宁中路跟进门前头球破门,如图 2-5 所示。

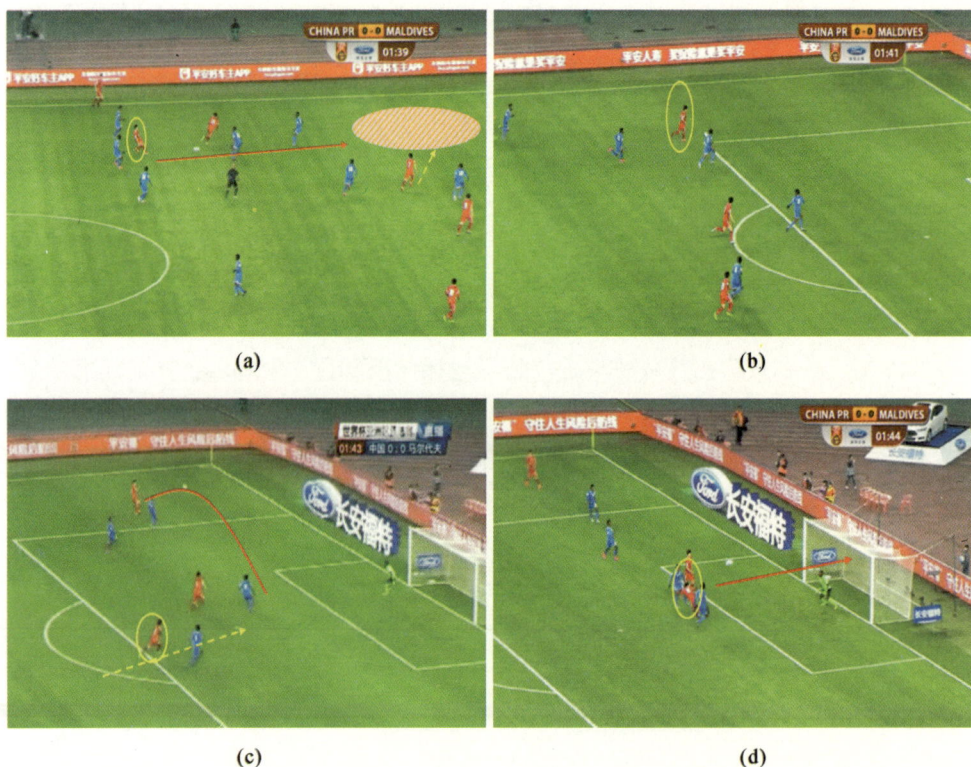

图 2-5　中国队与马尔代夫队比赛第一个进球

中国队的第二个进球在上半场第 11 分 32 秒时,蒿俊闵右路肋部直塞身后空当球,赵明剑及时插上,在底线附近传向后点处,杨旭抢点头球破门,如图 2-6 所示。

中国队的第三个进球在下半场第 83 分 36 秒时,姜宁摆脱对方防守,与郜林做了一次踢墙式二过一突破对方防线,姜宁射门得分,如图 2-7 所示。

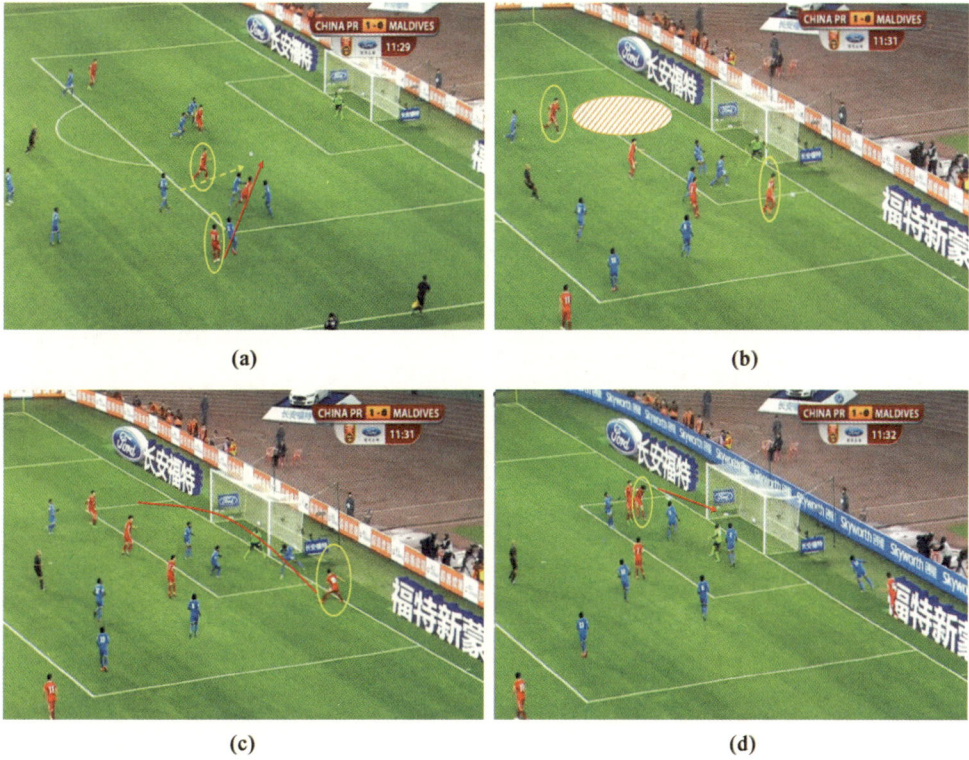

图 2-6 中国队与马尔代夫队比赛第二个进球

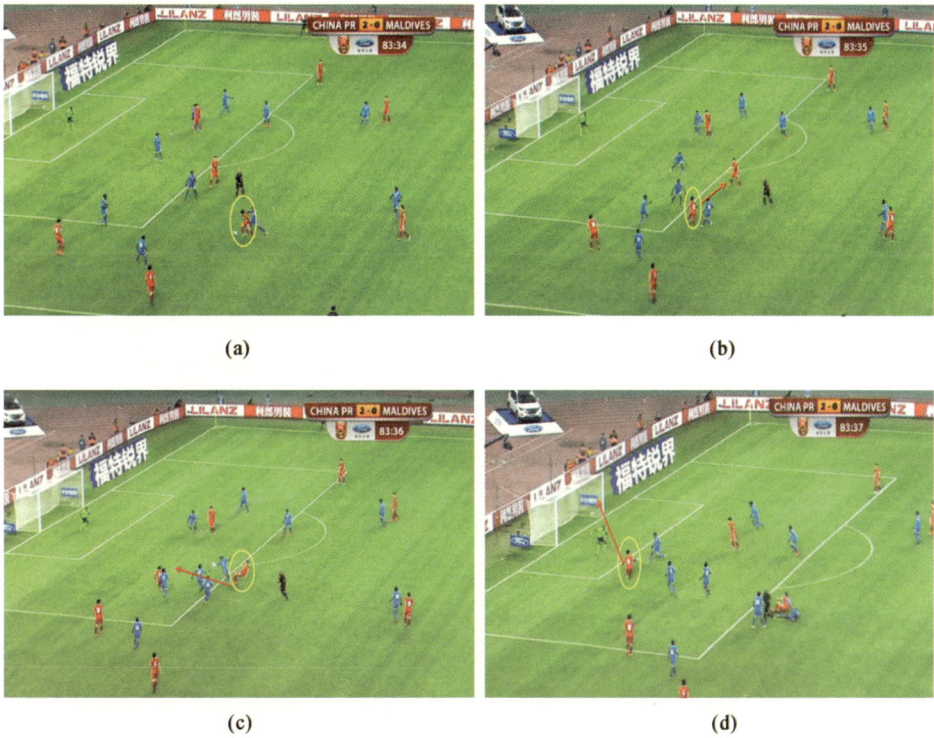

图 2-7 中国队与马尔代夫队比赛第三个进球

中国队的第四个进球在比赛进行到第 90 分 05 秒时,姜宁在前场中路获得球,带球在大禁区弧顶处利用于大宝跑动拉出空当,射门攻入对方球门,如图 2-8 所示。

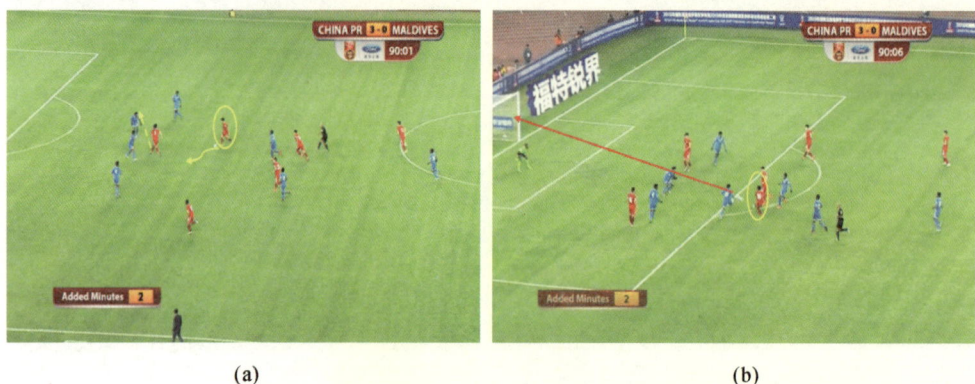

(a)   (b)

图 2-8 中国队与马尔代夫队比赛第四个进球

三、中国队与马尔代夫队比赛防守行为分析

(一)中国队与马尔代夫队比赛防守行为数据统计

1.各场区防守行为与时段

中国队与马尔代夫队比赛整体防守行为如表 2-5 所示。中国队全场比赛个人防守行为 306 次(无压 21 次),成功 169 次,失误 116 次,成功率为 55.23%;马尔代夫队为 893 次(无压 185 次),成功 387 次,失误 321 次,成功率为 43.34%。中国队全场个人防守次数明显少于马尔代夫队,但成功率要高于对手,中国队的个人防守能力也高于马尔代夫队。

其中,中国队前场个人防守 96 次(无压 11 次),成功 48 次,失误 37 次,成功率为 50.00%;马尔代夫队前场个人防守 41 次(无压 25 次),成功 4 次,失误 12 次,成功率为 9.76%。中国队中场个人防守 156 次(无压 8 次),成功 86 次,失误 62 次,成功率为 55.13%;马尔代夫队中场个人防守 405 次(无压 135 次),成功 163 次,失误 107 次,成功率为 40.25%。中国队后场个人防守 54 次(无压 2 次),成功 35 次,失误 17 次,成功率为 64.81%;马尔代夫队后场个人防守 447 次(无压 25 次),成功 220 次,失误 202 次,成功率为 49.22%。中国队在前场防守的次数多于马尔代夫队,这表明中国队采取的前场高压防守的战术限制了马尔代夫队进攻的开展。而马尔代夫队则几乎放弃了前场,其防守主要集中在中场和后场。

中国队小组防守 17 次,成功 14 次,失误 3 次,成功率为 82.35%;马尔代夫队小组防守 78 次,成功 47 次,失误 31 次,成功率为 60.26%。

其中,中国队前场小组防守成功 6 次;马尔代夫队前场小组防守成功 2 次,失误 3 次,成功率为 40.00%。中国队中场小组防守成功 5 次;马尔代夫队中场小组防守成功 6 次,失误 8 次,成功率为 42.86%。中国队后场小组防守成功 3 次,失误 3 次,成功率为 50.00%;马尔代夫队后场小组防守成功 39 次,失误 20 次,成功率为 66.10%。马尔代夫队后场小组防守次数较多,成功率也还可以。这表明马尔代夫队后场防守人员较为密集,压缩了防守空间,因而也限制了中国队扩大比分。

表 2-5 中国队与马尔代夫队比赛各场区防守行为数据统计

单位:次

场地区域与防守类型			中国队				马尔代夫队			
			上半场		下半场		上半场		下半场	
			成功	失误	成功	失误	成功	失误	成功	失误
前场	左边	个人	0	7	6	3	0	1	0	0
		小组	0	0	1	0	0	0	0	0
	中路	个人	13	4	15	16	0	5	2	1
		小组	1	0	2	0	0	1	2	0
	右边	个人	5	1	9	6	1	1	1	4
		小组	1	0	1	0	0	0	0	1
	无压		1		10		14		11	
中场	左边	个人	12	7	16	8	20	9	23	12
		小组	1	0	0	0	0	0	2	1
	中路	个人	13	22	15	9	28	19	33	22
		小组	1	0	1	0	1	0	1	2
	右边	个人	15	10	15	6	38	16	21	29
		小组	1	0	1	0	0	4	2	1
	无压		3		5		72		63	
后场	左边	个人	13	4	6	1	15	18	14	30
		小组	0	0	0	0	2	2	4	2
	中路	个人	6	7	2	2	48	29	68	63
		小组	0	0	2	2	10	5	20	7
	右边	个人	6	2	2	1	37	23	38	39
		小组	0	1	1	0	2	1	1	3
	无压		0		2		14		11	
合计		个人	83	64	86	52	187	121	200	200
		小组	5	1	9	2	15	13	32	18
		无压	4		17		100		85	

2. 防守对方射门与定位球进攻

中国队与马尔代夫队比赛防守射门与定位球数据统计如表 2-6 所示。中国队防守对方运动战禁区内射门 3 次(成功 1 次,失误 2 次),禁区外射门失误 1 次;防守后场 30 米任意球进攻失误 1 次。

马尔代夫队防守对方运动战禁区内射门 19 次(成功 7 次,失误 12 次,被进 3 球)、禁区外射门 5 次(成功 3 次,失误 2 次,被进 1 球);防守角球 15 次(成功 12 次,失误 3 次);防守后场 30 米任意球进攻 4 次(成功 1 次,失误 3 次)。中国队在前场形成射门次数较高,但是破门的次数并不多,这暴露了中国队临门一脚成功率不高的问题。

表 2-6　中国队与马尔代夫队比赛防守射门与定位球数据统计

单位:次

			运动战		角球		后场 30 米任意球			点球	合计
			禁区内	禁区外	左侧	右侧	左侧	中路	右侧		
中国队	上半场	成功	0	0	0	0	0	0	0	0	0
		失误	1	0	0	0	0	0	1	0	2
		被进球	0	0	0	0	0	0	0	0	0
	下半场	成功	1	0	0	0	0	0	0	0	1
		失误	1	1	0	0	0	0	0	0	2
		被进球	0	0	0	0	0	0	0	0	0
马尔代夫队	上半场	成功	3	0	2	6	0	0	0	0	11
		失误	5	0	1	1	0	0	2	0	9
		被进球	2	0	0	0	0	0	0	0	2
	下半场	成功	4	3	1	3	0	1	0	0	12
		失误	7	2	1	0	0	0	1	0	11
		被进球	1	1	0	0	0	0	0	0	2

(二)中国队与马尔代夫队比赛防守态势变化

中国队与马尔代夫队比赛防守态势变化曲线如图 2-9 所示。中国队在整场比赛中防守较好,其防守分值均为正值,这是因为对方的进攻能力比较薄弱。马尔代夫队防守态势曲线呈现较大的起伏变化,在大部分时间里,其防守分值为负数(即"0"分以下),这表明马尔代夫队的防守能力也很薄弱。

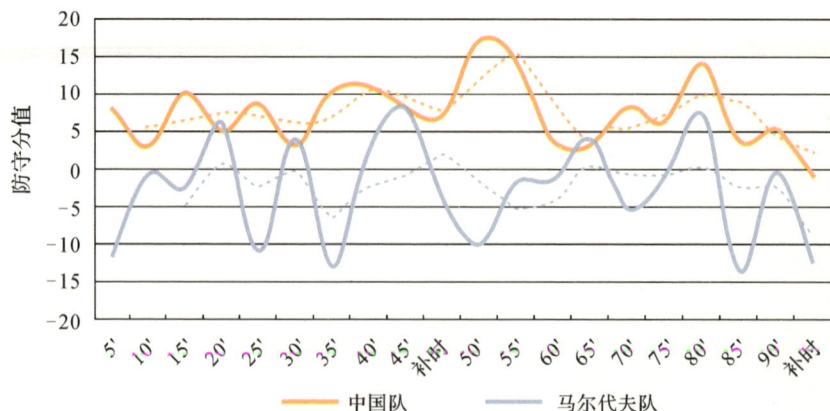

图 2-9　中国队与马尔代夫队比赛防守态势变化曲线

(三)中国队与马尔代夫队比赛防守技术运用

中国队与马尔代夫队比赛防守技术行为统计如表 2-7 所示。中国队在个人主要防守技术行为中,施压成功 90 次,失误 88 次,成功率为 50.56%;无压 21 次;丢球后的反抢成功 25 次,失误 10 次,成功率为 71.43%;1vs1 成功 9 次,失误 5 次,成功率为 64.29%;抢断成功 22 次,失误 5 次,成功率为 81.48%;争顶成功 21 次,失误 8 次,成功率为 72.41%。

在小组防守中,中国队压迫成功 12 次,失误 1 次,成功率为 92.31%;保护成功 2 次,失误 2 次,成功率为 50.00%。中国队防守中由守转攻 126 次,其中前场 46 次,中场 58 次,后场 22 次。

马尔代夫队在个人主要防守技术行为中,施压成功 281 次,失误 220 次,成功率为 56.09%;无压 185 次;反抢成功 4 次,失误 15 次,成功率为 21.05%;1vs1 成功 21 次,失误 36 次,成功率为 36.84%;抢断成功 24 次,失误 5 次,成功率为 82.76%;争顶成功 17 次,失误 30 次,成功率为 36.17%;解围成功 29,失误 4 次,成功率为 87.88%;封堵成功 10 次,失误 8 次,成功率为 55.56%。

在小组防守中,马尔代夫队压迫成功 10 次,失误 11 次,成功率为 47.62%;保护成功 29 次,失误 11 次,成功率为 72.50%。马尔代夫队防守中由守转攻 107 次,其中前场 3 次,中场 22 次,后场 82 次。可以看出,马尔代夫队防守中抢断和解围的效果较好。

表 2-7　中国队与马尔代夫队比赛防守技术运用情况统计

单位:次

			施压	无压	反抢	1vs1	抢断	拦截	铲球	争顶	解围	封堵	压迫	保护	守转攻	合计
中国队	前场	成功	23	0	20	1	4	0	0	0	0	0	6	0	46	54/46
		失误	27	11	7	2	1	0	0	0	0	0	0	0	0	48
	中场	成功	47	0	5	2	13	0	1	18	0	0	5	0	58	91/58
		失误	48	8	2	2	4	0	0	6	0	0	0	0	0	70
	后场	成功	20	0	0	6	5	0	0	3	1	0	1	2	22	38/22
		失误	13	2	1	1	0	0	0	2	0	0	1	2	0	22
	小计	成功	90	0	25	9	22	0	1	21	1	0	12	2	126	183/126
		失误	88	21	10	5	5	0	0	8	0	0	1	2	0	140
马尔代夫队	前场	成功	4	0	0	0	0	0	0	0	0	0	0	0	3	4/3
		失误	8	25	3	1	0	0	0	0	0	0	1	1	0	39
	中场	成功	154	0	0	0	6	0	0	3	0	0	3	3	22	169/22
		失误	92	135	7	3	0	0	0	5	0	0	6	2	0	250
	后场	成功	123	0	4	21	18	0	1	14	29	10	7	26	82	253/82
		失误	120	25	5	32	5	0	3	25	4	8	4	8	0	239
	小计	成功	281	0	4	21	24	0	1	17	29	10	10	29	107	426/107
		失误	220	185	15	36	5	0	3	30	4	8	11	11	0	528

注:守转攻是一种战术势态转化,因此在合计栏中没有作为一次具体的技术行为进行统计,其次数列于斜线"/"后。下同。

中国队的个人防守技术运用中,丢球后反抢、1vs1 防守成功率占优,表明中国队的个人防守技术能力明显高于马尔代夫队。在小组防守中,中国队的小组压迫只失误 1 次,成功率 92.31%,几乎接近于完美。而马尔代夫队的小组保护指标低于中国队,小组压迫的成功率只有中国队的一半左右。但是马尔代夫队的保护能力较好,成功率高于中国队,这也是中国队本场比赛难以扩大领先优势的主要原因。

(四)中国队与马尔代夫队比赛守门员技术比较

中国队与马尔代夫队比赛守门员技术统计如表 2-8 所示。中国队守门员(曾诚)处理球共 6 次,均成功。其中,扑接球成功 5 次,出击抢断成功 1 次。

马尔代夫队守门员(伊姆兰)处理球 32 次,成功 26 次,失误 6 次,失 4 球,成功率为 81.25%。其中,扑接球成功 10 次;扑必进球 11 次(成功 6 次,失误 5 次);扑单刀球成功 2 次;防传中球 9 次(成功 8 次,失误 1 次)。

由于中国队实力较强,守门员触球的机会较少,统计数据反映不出中国队守门员的真实水平。但是马尔代夫队的守门员在比赛中发挥较为出色,处理球的成功率达到 81.25%,扑必进球成功了 6 次。

表 2-8　中国队与马尔代夫队比赛守门员技术统计

单位:次

			扑接球	扑必进球	扑单刀球	防传中球	出击抢断	点球防守	失球	合计
中国队	上半场	成功	3	0	0	0	1	0	0	4
		失误	0	0	0	0	0	0	0	0
	下半场	成功	2	0	0	0	0	0	0	2
		失误	0	0	0	0	0	0	0	0
马尔代夫队	上半场	成功	3	4	0	4	0	0	0	11
		失误	0	3	0	1	0	0	2	4/2
	下半场	成功	7	2	2	4	0	0	0	15
		失误	0	2	0	0	0	0	2	2/2

注:合计栏中斜线"/"前的数字表示守门员处理球的次数;斜线"/"后的数字表示失球数。下同。

四、中国队与马尔代夫队比赛犯规情况

中国队与马尔代夫队比赛犯规数据统计如表 2-9 所示。中国队上半场犯规 4 次,越位 1 次;下半场犯规 3 次,越位 1 次。马尔代夫队上半场犯规 2 次,下半场犯规 3 次。

表 2-9　中国队与马尔代夫队比赛犯规数据统计

单位:次

		犯规	黄牌	红牌	越位
中国队	上半场	4	0	0	1
	下半场	3	0	0	1

续表

		犯规	黄牌	红牌	越位
马尔代夫队	上半场	2	0	0	0
	下半场	3	0	0	0

第二节　中国队(主场)与卡塔尔队比赛技术实力分析

2016年3月29日,中国队在陕西体育场对阵卡塔尔队,比赛结果为2∶0。中国队的黄博文在第57分钟时攻入1球,武磊在第88分钟时攻入1球。

一、中国队与卡塔尔队出场阵容

本场比赛中国队采用4-2-3-1阵型,卡塔尔队采用的同样也是4-2-3-1阵型(见图2-10),具体比赛球员名单如表2-10所示。

表2-10　中国队与卡塔尔队首发和替补队员名单

	中国队			卡塔尔队		
首发队员	曾诚	(1)	门将	勒孔特	(1)	门将
	任航	(2)	后卫	穆萨	(2)	后卫
	冯潇霆	(6)	后卫	阿卜杜拉赫曼	(4)	后卫
	张琳芃	(5)	后卫	穆夫塔	(7)	后卫
	赵明剑	(13)	后卫	佩德罗	(15)	后卫
	蒿俊闵	(11)	前卫	阿齐兹哈蒂姆	(5)	前卫
	黄博文	(16)	前卫	塞阿拉	(8)	前卫
	李学鹏	(4)	前卫	伊斯梅尔	(17)	前卫
	张稀哲	(10)	前卫	罗德里戈田佃	(10)	前卫
	姜宁	(19)	前卫	萨耶德	(13)	前卫
	武磊	(7)	前锋	梅沙尔	(11)	前锋
替补队员	于大宝(22)53分钟 ⇆ 姜宁(19)			布迪亚夫(20)63分钟 ⇆ 萨耶德(13)		
	于海(21)62分钟 ⇆ 张稀哲(10)			阿飞夫(18)63分钟 ⇆ 阿齐兹哈蒂姆(5)		
	蔡慧康(8)86分钟 ⇆ 黄博文(16)			穆罕穆德蒙塔里(19)75分钟 ⇆ 梅沙尔(11)		

图 2-10　中国队与卡塔尔队比赛阵型

二、中国队与卡塔尔队比赛进攻行为分析

(一)中国队与卡塔尔队比赛进攻行为数据统计

1.各区域进攻行为与时段

中国队与卡塔尔队比赛进攻行为数据统计如表 2-11 所示。中国队全场比赛进攻行为(不包括射门和定位球进攻,下同)458 次,成功率为 73.36%;卡塔尔队为 468 次,成功率为 70.30%。两队的进攻能力相差不大。

其中,中国队前场进攻行为 80 次,成功 39 次,成功率为 48.75%;卡塔尔队为 61 次,成功 45 次,成功率为 73.77%。中国队中场进攻行为 274 次,成功 220 次,成功率为 80.29%;卡塔尔队为 295 次,成功 225 次,成功率为 76.27%。中国队后场进攻行为 104 次,成功 77 次,成功率为 74.04%;卡塔尔队为 112 次,成功 59 次,成功率为 52.68%。中国队前场的进攻实力要弱于卡塔尔队,中场的进攻实力与卡塔尔队差不多,后场的进攻实力要强于卡塔尔队。

中国队上半场进攻行为 270 次,成功 206 次,成功率为 76.30%;卡塔尔队为 215 次,成功 136 次,成功率为 63.26%。中国队下半场进攻行为 188 次,成功 130 次,成功率为 69.15%;卡塔尔队为 253 次,成功 193 次,成功率为 76.28%。中国队上半场的进攻次数较多,卡塔尔队下半场的进攻次数和成功率明显高于中国队。

表 2-11　中国队与卡塔尔队比赛各场区进攻行为数据统计

单位:次

			前场			中场			后场			合计
			左边	中路	右边	左边	中路	右边	左边	中路	右边	
中国队	上半场	成功	5	4	5	56	51	40	9	24	12	206
		失误	6	7	7	18	6	9	1	5	5	64
	下半场	成功	13	6	6	21	29	23	9	14	9	130
		失误	14	3	4	9	4	8	4	6	6	58
卡塔尔队	上半场	成功	2	2	12	30	29	36	5	17	3	136
		失误	2	3	2	20	11	9	10	17	5	79
	下半场	成功	14	6	9	56	43	31	6	21	7	193
		失误	4	5	0	15	11	4	1	10	10	60

2. 射门与定位球进攻

中国队与卡塔尔队比赛射门与定位球进攻情况如表 2-12 所示:中国队运动战禁区内射门 5 次(射正 5 次,进 1 球),禁区外射门 6 次(射正 3 次,进 1 球);左侧角球 4 次(失误 4 次),右侧角球 1 次(射门 1 次);前场 30 米任意球进攻 2 次(失误 1 次,射门 1 次)。全场比赛射正率 72.73%,进球率为 15.38%。

卡塔尔队全场比赛共射门 6 次,其中,运动战禁区内射门 2 次,运动战禁区外射门 4 次;右侧角球失误 1 次;前场 30 米任意球失误 2 次。全场比赛射正率 72.73%,中国队本场比赛中创造的射门机会较多,明显高于卡塔尔队。

表 2-12　中国队与卡塔尔队比赛射门与定位球进攻数据统计

单位:次

			运动战		角球		前场 30 米任意球			点球	合计
			禁区内	禁区外	左侧	右侧	左侧	中路	右侧		
中国队	上半场	失误	0	0	1	0	0	0	0	0	1
		射门	2	3	0	1	0	0	1	0	5/2
		射正	2	1	0	0	0	0	0	0	3
		进球	0	0	0	0	0	0	0	0	0
	下半场	失误	0	0	3	0	1	0	0	0	4
		射门	3	3	0	0	0	0	0	0	6
		射正	3	2	0	0	0	0	0	0	5
		进球	1	1	0	0	0	0	0	0	2

续表

		运动战		角球		前场 30 米任意球			点球	合计
		禁区内	禁区外	左侧	右侧	左侧	中路	右侧		
卡塔尔队	上半场 失误	0	0	0	1	0	1	1	0	3
	射门	1	2	0	0	0	0	0	0	3
	射正	0	0	0	0	0	0	0	0	0
	进球	0	0	0	0	0	0	0	0	0
	下半场 失误	0	0	0	0	0	0	0	0	0
	射门	1	2	0	0	0	0	0	0	3
	射正	0	0	0	0	0	0	0	0	0
	进球	0	0	0	0	0	0	0	0	0

(二)中国队与卡塔尔队比赛进攻态势变化

中国队与卡塔尔队比赛进攻态势变化曲线如图 2-11 所示。上半场两个队的进攻态势差异不大,中国队随比赛时间的进展,进攻态势不断加强,但在上半场快结束的时候,进攻态势有所下降。卡塔尔队上半场进攻态势变化起伏较大,但总体保持良好状态。

下半场比赛开始以后,中国队加强了进攻,并在第 60 分钟打出了一个高潮。另外,中国队在 75 分钟和 90 分钟前后的两个时段内也发挥了较高的水平。卡塔尔队下半场的进攻明显不如上半场,直到比赛还剩最后 10 分钟时进攻才有所起色。

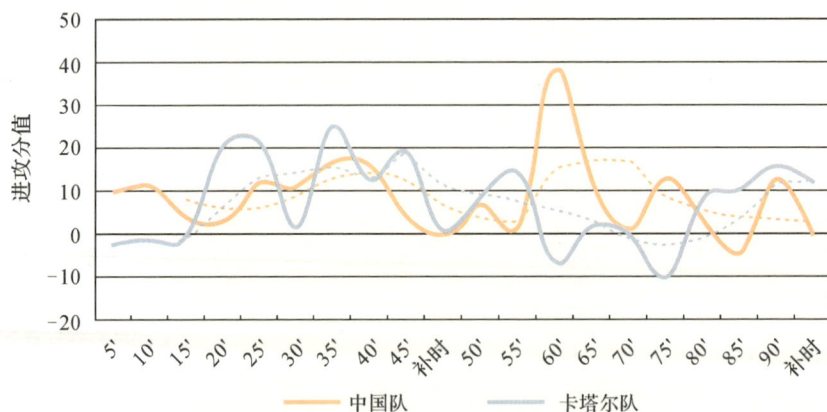

图 2-11　中国队与卡塔尔队比赛进攻态势变化曲线

(三)中国队与卡塔尔队比赛进攻技术行为运用

1.比赛进攻技术行为运用情况

中国队与卡塔尔队比赛进攻技术行为统计如表 2-13 所示。在中国队主要进攻性技术行为中,短直传成功 77 次,失误 21 次,成功率为 78.57%;边路传中成功 3 次,失误 8 次,成果率为 27.27%;个人突破成功 4 次,失误 22 次,成功率为 15.38%;直传身后成功 5 次,失误 4 次,成功率为 55.56%;斜传身后成功 2 次,失误 8 次,成功率为 20.00%;中直传成功 29

次,失误 23 次,成功率为 55.77%;斜传边路成功 15 次,失误 4 次,成功率为 78.95%。

在中国队过渡性技术使用中,横传球成功 102 次,失误 14 次,成功率为 87.93%;回传球成功 87 次,失误 3 次,成功率为 96.67%。中国队进攻中由攻转守 118 次,其中前场 46 次,中场 60 次,后场 12 次。

在卡塔尔队主要进攻性技术行为中,短直传成功 71 次,失误 17 次,成功率为 80.68%;长直传失误 4 次;中直传成功 33 次,失误 26 次,成功率为 55.93%;个人突破成功 2 次,失误 12 次,成功率为 14.29%;斜传边路成功 11 次,失误 10 次,成功率为 52.38%;斜传身后成功 3 次,失误 5 次,成功率为 37.50%;长传反击失误 8 次;球门球成功 1 次,失误 5 次,成功率为 16.67%。

在卡塔尔队过渡性技术使用中,横传球成功 116 次,失误 19 次,成功率为 85.93%;回传球成功 86 次,失误 10 次,成功率为 89.58%。卡塔尔队进攻中由攻转守 124 次,其中前场 37 次,中场 61 次,后场 26 次。卡塔尔队在进攻中的短直传次数稍少于中国队,但其成功率则高于中国队,表明中国队对卡塔尔队的限制强度还不够。

表 2-13 中国队与卡塔尔队进攻技术行为统计

单位:次

			短直传	边路传中	回头球	边路斜传	斜传分边	个人突破	直传身后	中路传切	斜传身后	长传转移	横传转移	长直传	中直传	斜传边路	带球反击	长传反击	斜传转移	球门球	横传球	回传球	攻转守	合计
中国队	前场	成功	9	3	1	0	1	4	1	1	1	0	0	0	0	0	0	0	0	0	9	9	46	39/46
		失误	4	8	0	4	0	11	0	0	4	0	0	0	0	0	0	0	0	0	7	3	0	41
	中场	成功	50	0	0	0	0	0	4	0	1	1	0	0	13	6	0	0	0	0	78	67	60	220/60
		失误	10	0	0	0	0	11	4	0	4	1	0	2	15	2	0	0	0	0	5	0	0	54
	后场	成功	18	0	0	0	0	0	0	0	0	0	0	0	16	9	1	2	1	4	15	11	12	77/12
		失误	7	0	0	0	0	0	0	0	0	0	0	0	2	8	2	0	0	0	5	0	0	27
	小计	成功	77	3	1	0	1	4	5	1	2	1	0	0	29	15	1	2	1	4	102	87	118	336/118
		失误	21	8	0	4	0	22	4	0	8	1	0	4	23	4	1	1	0	4	14	3	0	122
卡塔尔队	前场	成功	8	3	0	0	0	2	1	0	3	0	0	0	0	0	0	0	0	0	13	15	37	45/37
		失误	2	1	0	1	0	6	3	2	1	0	0	0	0	0	0	0	0	0	0	0	0	16
	中场	成功	46	0	0	0	0	0	0	0	0	0	0	2	20	3	0	0	0	0	91	63	61	225/61
		失误	6	0	0	0	0	6	6	1	4	6	3	2	17	5	0	0	0	0	5	0	0	70
	后场	成功	17	0	0	0	0	0	0	0	0	0	0	0	13	8	0	0	0	1	12	8	26	59/26
		失误	9	0	0	0	0	0	0	0	0	0	0	2	9	5	0	0	5	0	10	5	0	53
	小计	成功	71	3	0	0	0	2	1	0	3	0	0	2	33	11	0	0	0	1	116	86	124	329/124
		失误	17	1	0	1	0	12	9	3	5	6	3	4	26	10	0	8	0	5	19	10	0	139

2.威胁性进攻技术行为分析

中国队对卡塔尔队比赛威胁性进攻技术运用情况如图 2-12 所示。在前场有威胁的进攻中,个人突破成功 4 次,失误 11 次,成功率为 26.67％;边路传中成功 3 次,失误 8 次,成功率为 27.27％;回头球成功 1 次;边路斜传失误 4 次;直传身后成功 1 次。在中场,个人突破失误 11 次;斜传身后成功 1 次,失误 4 次,成功率为 20.00％;直传身后成功 4 次,失误 4 次,成功率为 50.00％。在后场,带球反击成功 1 次,失误 1 次,成功率为 50.00％;长传反击成功 2 次,失误 1 次,成功率为 66.67％。

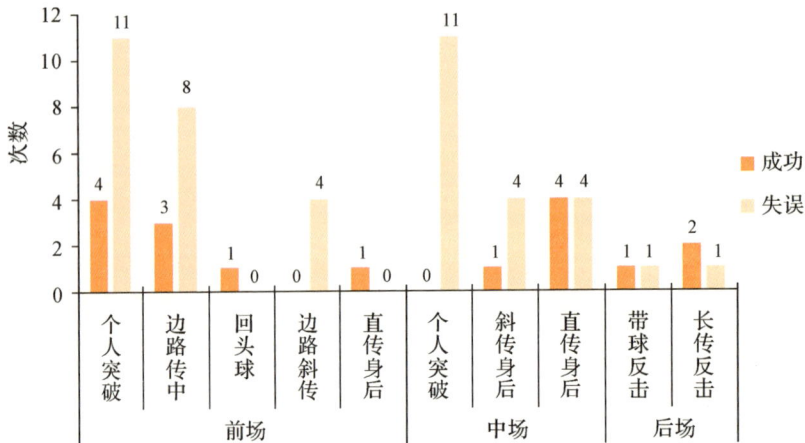

图 2-12　中国队对卡塔尔队比赛威胁性进攻技术运用情况

卡塔尔队对中国队比赛威胁性进攻技术运用情况如图 2-13 所示。在前场有威胁的进攻中,个人突破成功 2 次,失误 6 次,成功率为 25.00％;边路传中成功 3 次,失误 1 次,成功率为 75.00％;边路斜传失误 1 次;直传身后成功 1 次,失误 3 次,成功率为 25.00％。在中场,个人突破失误 6 次;斜传身后失误 4 次;直传身后失误 6 次。在后场,长传反击失误 8 次。

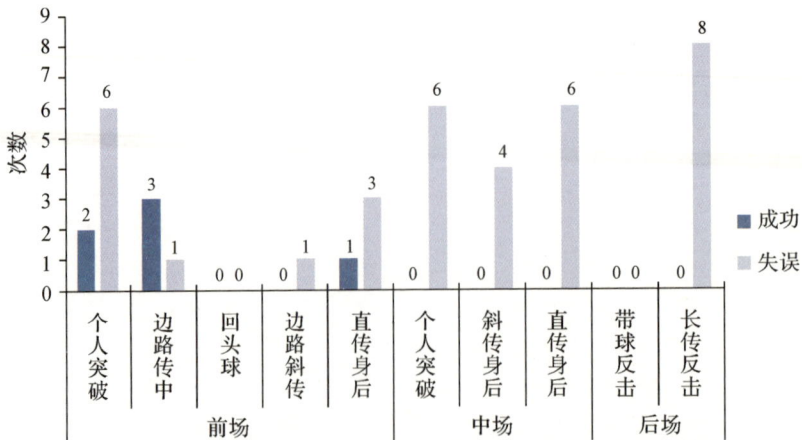

图 2-13　卡塔尔队对中国队比赛威胁性进攻技术运用情况

　　在威胁性技术运用中，个人突破、边路传中和中、前场的直传身后与斜传身后是中国队的主要进攻手段，但个人突破与边路传中等关键性指标运用的成功率较低。卡塔尔队在中国队的限制下，前场有威胁性的进攻较少，这反映卡塔尔队在本场比赛中的进攻能力要弱于中国队。

　　（四）中国队进球分析

　　中国队本场比赛 2：0 战胜卡塔尔队。中国队的第一个进球在下半场 56 分 53 秒时，中国队左路传中失误后，禁区内反抢得球，传至后点射门被守门员挡出至大禁区线上，黄博文迎上远射远角获得进球，如图 2-14 所示。

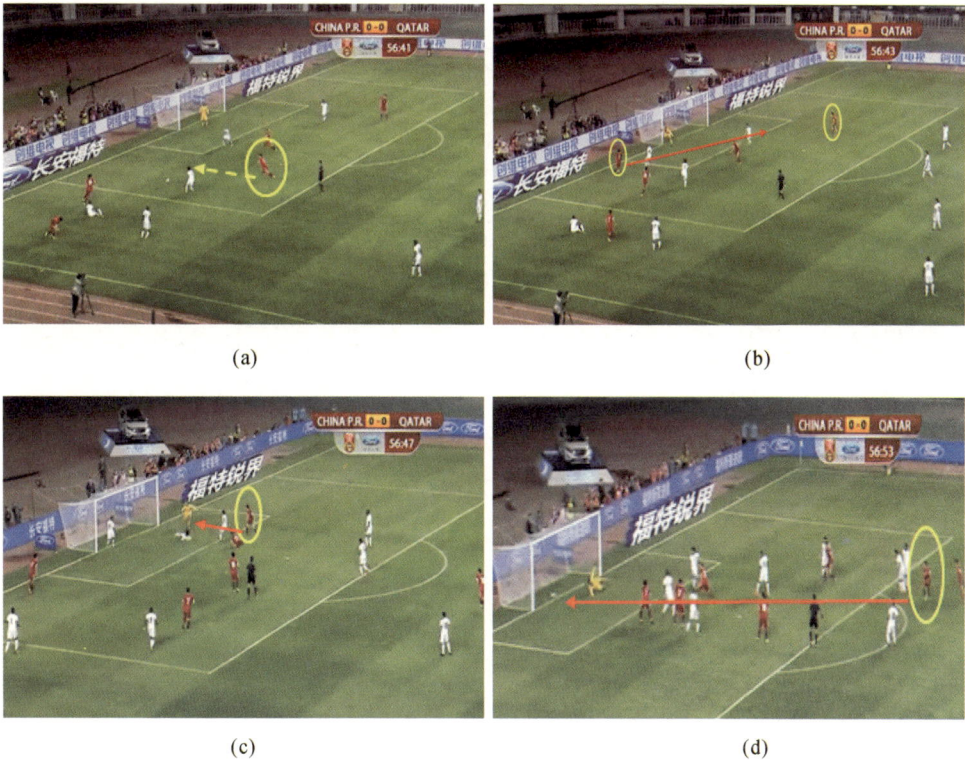

(a)　　　　　　　　　　　　　　　(b)

(c)　　　　　　　　　　　　　　　(d)

图 2-14　中国队与卡塔尔队比赛第一个进球

　　中国队的第二个进球是在下半场第 87 分 41 秒时，蒿俊闵持球直传对方后卫线身后，武磊高速斜插对方身后，在对方贴身紧逼下破门得分，如图 2-15 所示。

三、中国队与卡塔尔队比赛防守行为分析

　　（一）中国队与卡塔尔队比赛防守行为数据统计

　　1. 各区域防守行为与时段

　　中国队与卡塔尔队比赛整体防守行为如表 2-14 所示。中国队全场比赛个人防守行为 590 次（无压 86 次），成功 329 次，失误 175 次，成功率为 55.76%；卡塔尔队为 601 次（无压 57 次），成功 341 次，失误 203 次，成功率为 56.74%。两队防守行为的次数与成功率差异不

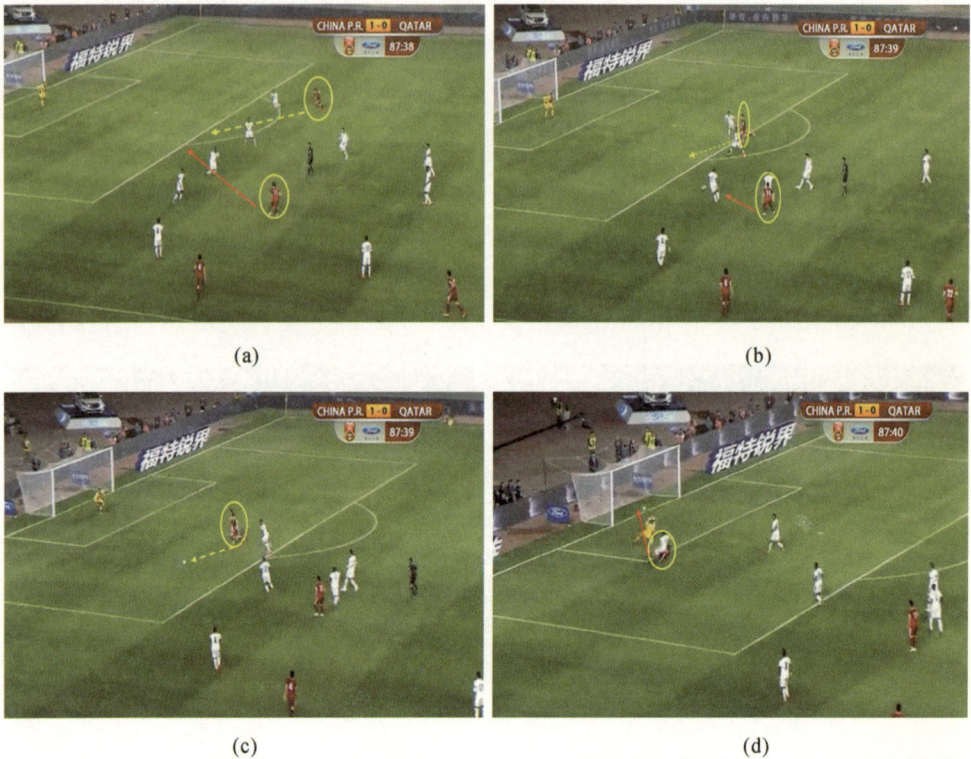

图 2-15　中国队与卡塔尔队比赛第二个进球

大,但中国队无压的情况较多。

其中,中国队前场个人防守 87 次(无压 26 次),成功 42 次,失误 19 次,成功率为 48.28%;卡塔尔队前场个人防守 88 次(无压 18 次),成功 24 次,失误 46 次,成功率为 27.27%。中国队中场个人防守 361 次(无压 59 次),成功 185 次,失误 117 次,成功率为 51.25%;卡塔尔队中场个人防守 313 次(无压 36 次),成功 176 次,失误 101 次,成功率为 56.23%。中国队后场个人防守 142 次(无压 1 次),成功 102 次,失误 39 次,成功率为 71.83%;卡塔尔队后场个人防守 200 次(无压 3 次),成功 141 次,失误 56 次,成功率为 70.50%。中国队在前场防守运用的次数和卡塔尔队基本接近,但是实际效果好于卡塔尔队,这表明中国队在前场高压区域内防守较为有效。中国队后场个人防守的成功率低于卡塔尔队,卡塔尔队个人防守的能力和凶狠程度高于中国队。

中国队小组防守 40 次,成功 30 次,失误 10 次,成功率为 75.00%;卡塔尔队小组防守 60 次,成功 44 次,失误 16 次,成功率为 73.33%。

其中,中国队前场小组防守失误 1 次;卡塔尔队前场小组防守成功 6 次,失误 4 次,成功率为 60.00%。中国队中场小组防守成功 13 次,失误 5 次,成功率为 72.22%;卡塔尔队中场小组防守成功 12 次,失误 8 次,成功率为 60.00%。中国队后场小组防守成功 17 次,失误 4 次,成功率为 80.95%;卡塔尔队后场小组防守成功 26 次,失误 4 次,成功率为 86.67%。卡塔尔队前场小组防守次数较多,成功率也还可以。中国队在前场没有形成有效的小组防守,中国队中场的防守密集程度较好,而卡塔尔队前场和后场的小组防守要好于中国队。

表 2-14　中国队与卡塔尔队比赛各场区防守行为数据统计

单位:次

场地区域与防守类型			中国队				卡塔尔队			
			上半场		下半场		上半场		下半场	
			成功	失误	成功	失误	成功	失误	成功	失误
前场	左边	个人	2	0	10	1	5	12	5	6
		小组	0	0	0	0	1	0	0	1
	中路	个人	11	5	13	6	4	7	5	3
		小组	0	0	0	0	0	0	5	3
	右边	个人	3	3	3	4	1	7	4	11
		小组	0	1	0	0	0	0	0	0
	无压		9		17		15		3	
中场	左边	个人	38	20	21	16	35	19	36	14
		小组	2	0	0	0	4	1	3	1
	中路	个人	20	18	33	14	29	13	19	13
		小组	2	1	2	2	0	0	0	2
	右边	个人	41	21	32	28	44	26	13	16
		小组	6	1	1	1	5	2	0	2
	无压		22		37		31		5	
后场	左边	个人	12	8	17	7	18	7	7	3
		小组	1	1	0	1	5	0	3	0
	中路	个人	22	5	19	3	30	12	35	16
		小组	5	0	4	1	6	1	3	1
	右边	个人	13	4	19	12	14	8	37	10
		小组	4	0	3	1	3	0	6	2
	无压		1		0		2		1	
合计		个人	162	84	167	91	180	111	161	92
		小组	20	4	10	6	24	4	20	12
		无压	32		54		48		9	

2.防守对方射门与定位球进攻

中国队与卡塔尔队比赛防守射门与定位球数据统计如表 2-15 所示。中国队防守对方运动战禁区外射门 4 次,防守角球 1 次,防守后场 30 米任意球进攻 2 次,均为成功。在本场比赛中,中国队后场防守卡塔尔的运动战和定位球较为成功。

卡塔尔队防守对方运动战禁区内射门 4 次(成功 2 次,失误 2 次,被进 1 球),禁区外射门 4

次(成功 2 次,失误 2 次,被进 1 球);防守角球 5 次(成功 4 次,失误 1 次);防守后场 30 米任意球进攻失误 2 次。在本场比赛中,卡塔尔队防守失误较为明显,禁区内与禁区外各被进 1 球。

表 2-15　中国队与卡塔尔队比赛防守射门与定位球数据统计

单位:次

			运动战		角球		后场 30 米任意球			点球	合计
			禁区内	禁区外	左侧	右侧	左侧	中路	右侧		
中国队	上半场	成功	0	2	1	0	1	1	0	0	5
		失误	0	0	0	0	0	0	0	0	0
		被进球	0	0	0	0	0	0	0	0	0
	下半场	成功	0	2	0	0	0	0	0	0	2
		失误	0	0	0	0	0	0	0	0	0
		被进球	0	0	0	0	0	0	0	0	0
卡塔尔队	上半场	成功	0	1	0	1	0	0	0	0	2
		失误	1	1	1	0	1	0	0	0	4
		被进球	0	0	0	0	0	0	0	0	0
	下半场	成功	2	1	0	3	0	0	0	0	6
		失误	1	1	0	0	0	0	1	0	3
		被进球	1	1	0	0	0	0	0	0	2

(二)中国队与卡塔尔队比赛防守态势变化

中国队与卡塔尔队比赛防守态势变化曲线如图 2-16 所示。该比赛双方的防守态势变化有着非常明显的分界线,上半场中国队的防守曲线分值要低于卡塔尔队,且一直在"0"分线上下徘徊。但中国队在下半场防守有了较大提高。卡塔尔队则正好相反,上半场的防守曲线虽然有起伏,但始终保持一个较好的态势(移动平局值曲线一直处于"0"分线以上),但是下半场的防守态势有大幅度的下降。

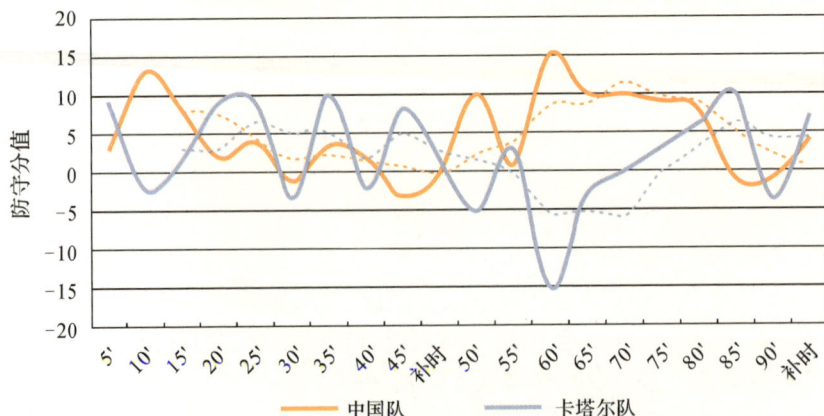

图 2-16　中国队与卡塔尔队比赛防守态势变化曲线

（三）中国队与卡塔尔队比赛防守技术运用

中国队与卡塔尔队比赛防守技术行为统计如表 2-16 所示。中国队在个人主要防守技术行为中，施压成功 200 次，失误 133 次，成功率为 60.06%；无压 86 次，反抢成功 9 次，失误 8 次，成功率为 52.94%；1vs1 成功 13 次，失误 10 次，成功率为 56.52%；抢断成功 45 次，失误 4 次，成功率为 91.84%；争顶成功 20 次，失误 15 次，成功率为 57.14%。

在小组防守中，中国队压迫成功 10 次，失误 9 次，成功率为 52.63%；保护成功 20 次，失误 1 次，成功率为 95.24%。中国队防守中由守转攻 92 次，其中前场 11 次，中场 40 次，后场 41 次。

卡塔尔队在个人主要防守技术行为中，施压成功 217 次，失误 162 次，成功率为 57.26%；无压 57 次；反抢成功 9 次，失误 16 次，成功率为 36.00%；1vs1 成功 17 次，失误 14 次，成功率为 54.84%；抢断成功 25 次，失误 1 次，成功率为 96.15%；争顶成功 16 次，失误 4 次，成功率为 80.00%；解围成功 10 次，失误 2 次，成功率为 83.33%；封堵成功 1 次，失误 2 次，成功率为 33.33%。

在小组防守中，卡塔尔队压迫成功 16 次，失误 9 次，成功率为 64.00%；保护成功 23 次，失误 4 次，成功率为 85.19%。卡塔尔队防守中由守转攻 74 次，其中前场 4 次，中场 31 次，后场 39 次。可以看出，卡塔尔队防守中抢断、解围和保护的效果还可以。

表 2-16　中国队与卡塔尔队比赛防守技术运用情况统计

单位：次

		施压	无压	反抢	1vs1	抢断	拦截	铲球	争顶	解围	封堵	压迫	保护	守转攻	合计
中国队	前场 成功	26	0	3	1	8	3	1	0	0	0	0	0	11	42/11
	前场 失误	16	26	2	0	1	0	0	0	0	0	1	0	0	46
	中场 成功	126	0	3	7	19	19	3	8	0	0	7	6	40	198/40
	中场 失误	87	59	5	8	2	0	4	11	0	0	4	1	0	181
	后场 成功	48	0	3	5	18	10	1	12	5	0	3	14	41	119/41
	后场 失误	30	1	1	2	1	0	1	4	0	0	4	0	0	44
	小计 成功	200	0	9	13	45	32	5	20	5	0	10	20	92	359/92
	小计 失误	133	86	8	10	4	0	5	15	0	0	9	1	0	271
卡塔尔队	前场 成功	20	0	2	0	1	1	0	0	0	0	0	1	4	25/4
	前场 失误	36	18	6	2	0	0	2	0	0	0	1	0	0	65
	中场 成功	128	0	5	5	14	17	2	5	0	0	5	7	31	188/31
	中场 失误	86	36	8	2	1	0	0	4	0	0	8	0	0	145
	后场 成功	69	0	2	12	10	20	6	11	10	1	11	15	39	167/39
	后场 失误	40	3	2	10	0	0	0	2	2	0	4	0	0	63
	小计 成功	217	0	9	17	25	38	8	16	10	1	16	23	74	380/74
	小计 失误	162	57	16	14	1	0	2	4	2	2	9	4	0	273

　　中国队的个人防守技术运用中,丢球后反抢、1vs1 防守成功率高于卡塔尔队,然而抢断成功率低于卡塔尔队。在小组防守中,中国队的小组压迫成功率低于卡塔尔队,但是保护要比卡塔尔队做得好,确保了中国队球门不失。

　　(四)中国队与卡塔尔队比赛守门员技术比较

　　中国队与卡塔尔队比赛守门员技术统计如表 2-17 所示。中国队守门员(曾诚)处理球共 3 次,均为成功。其中,扑接球成功 1 次,扑必进球成功 1 次,扑单刀球成功 1 次。卡塔尔队守门员(勒孔特)处理球 9 次,成功 7 次,失误 2 次,失 2 球,成功率为 77.78%。其中,扑接球成功 3 次;扑必进球 3 次(成功 1 次,失误 2 次,失 2 球);防传中球成功 2 次;出击抢断成功 1 次。

表 2-17　中国队与卡塔尔队比赛守门员技术统计

单位:次

			扑接球	扑必进球	扑单刀球	防传中球	出击抢断	点球防守	失球	合计
中国队	上半场	成功	0	0	0	0	0	0	0	0
		失误	0	0	0	0	0	0	0	0
	下半场	成功	1	1	1	0	0	0	0	3
		失误	0	0	0	0	0	0	0	0
卡塔尔队	上半场	成功	0	0	0	1	1	0	0	2
		失误	0	0	0	0	0	0	0	0
	下半场	成功	3	1	0	1	0	0	0	5
		失误	0	2	0	0	0	0	2	2/2

四、中国队与卡塔尔队比赛犯规情况

　　中国队与卡塔尔队比赛犯规数据统计如表 2-18 所示。中国队上半场犯规 6 次,越位 2 次;下半场犯规 8 次,黄牌 2 次。卡塔尔队上半场犯规 8 次,黄牌 1 次;下半场犯规 4 次。以上数据表明,中国队犯规情况略多于卡塔尔队,双方的防守都比较凶狠。

表 2-18　中国队对卡塔尔队比赛犯规数据统计

单位:次

		犯规	黄牌	红牌	越位
中国队	上半场	6	0	0	2
	下半场	8	2	0	0
卡塔尔队	上半场	8	1	0	0
	下半场	4	0	0	0

第三章　热身赛技术实力分析

中国男足在秦皇岛和大连进行了两场热身赛，分别对阵世界排名第 78 位的特立尼达和多巴哥队和第 98 位的哈萨克斯坦队。比赛结果：中国队 4∶2 战胜特立尼达和多巴哥队，0∶1 负于哈萨克斯坦队。

第一节　中国队(主场)与特立尼达和多巴哥队
比赛技术实力分析

2016 年 6 月 3 日，中国男足在秦皇岛奥体中心对阵特立尼达和多巴哥队，中国队以 4∶2 取胜。姜宁在第 1 分 28 秒时头球破门，张玉宁在第 30 分 03 秒和第 60 分 50 秒时分别攻入 1 球，胡人天在第 87 分 45 秒时打入 1 球。特立尼达和多巴哥队的普拉萨在第 66 分 02 秒和第 85 分 12 秒时各进 1 球。

一、中国队与特立尼达和多巴哥队出场阵容

本场比赛中国队采用 4-4-2 阵型，特立尼达和多巴哥队也采用 4-4-2 阵型(见图 3-1)，具体比赛球员名单如表 3-1 所示。

表 3-1　中国队与特立尼达和多巴哥队首发和替补队员名单

		中国队		特立尼达和多巴哥队		
首发队员	曾诚	(1)	门将	方赛特	(22)	门将
	丁海峰	(7)	后卫	琼斯	(15)	后卫
	冯潇霆	(15)	后卫	戴维	(2)	后卫
	张琳芃	(2)	后卫	阿布巴克尔	(6)	后卫
	赵明剑	(21)	后卫	马绍尔	(3)	后卫
	于汉超	(16)	前卫	鲍考德	(14)	前卫
	于海	(13)	前卫	刘易斯	(17)	前卫
	黄博文	(20)	前卫	德席尔瓦	(12)	前卫
	姜宁	(4)	前卫	威廉姆斯	(23)	前卫
	郜林	(3)	前锋	约泽福	(9)	前锋
	张玉宁	(17)	前锋	温切斯特	(10)	前锋

续表

	中国队	特立尼达和多巴哥队
替补队员	胡人天(10)46 分钟 ⇆ 赵明剑(21)	萨缪尔(21)46 分钟 ⇆ 方赛特(22)
	吴曦(6)46 分钟 ⇆ 于海(13)	普拉萨(11)58 分钟 ⇆ 约泽福(9)
	张呈栋(22)46 分钟 ⇆ 邰林(3)	埃克托(7)73 分钟 ⇆ 琼斯(15)
	颜骏凌(12)69 分钟 ⇆ 曾诚(1)	艾蒂安(4) 73 分钟 ⇆ 温切斯特(10)
	蒿俊闵(24)69 ⇆ 黄博文(20)	希鲁斯(5) 73 分钟 ⇆ 马绍尔(3)
	杨旭(5)90 分钟 ⇆ 姜宁(4)	刘易斯(20) 87 分钟 ⇆ 德席尔瓦(12)

图 3-1　中国队与特立尼达和多巴哥队比赛阵型

二、中国队与特立尼达和多巴哥队比赛进攻行为分析

(一)中国队与特立尼达和多巴哥队比赛进攻行为数据统计

1.各区域进攻行为与时段

中国队与特立尼达和多巴哥队比赛进攻行为数据统计如表 3-2 所示。中国队全场比赛进攻行为(不包括射门和定位球进攻,下同)560 次,成功率为 80.00%;特立尼达和多巴哥队为 443 次,成功率为 66.14%。中国队的进攻次数要高于特立尼达和多巴哥队。

其中,中国队前场进攻行为 93 次,成功 67 次,成功率为 72.04%;特立尼达和多巴哥队为 81 次,成功 51 次,成功率为 62.96%。中国队中场进攻行为 336 次,成功 292 次,成功率为 86.90%;特立尼达和多巴哥队为 271 次,成功 174 次,成功率为 64.21%。中国队后场进攻行为 131 次,成功 89 次,成功率为 67.94%;特立尼达和多巴哥队为 91 次,成功 68 次,成功率为 74.73%。中国队在前场和中场的进攻实力略强于特立尼达和多巴哥队。但在后场,特立尼达和多巴哥队的成功率高于中国队,表明中国队对特立尼达和多巴哥队进攻组织的限制不够。

中国队上半场进攻行为 263 次,成功 212 次,成功率为 80.61%;特立尼达和多巴哥队为 182 次,成功 126 次,成功率为 69.23%。中国队下半场进攻行为 297 次,成功 236 次,成功率为 79.46%;特立尼达和多巴哥队为 261 次,成功 167 次,成功率为 63.98%。中国队上、下半场的进攻次数明显多于特立尼达和多巴哥队,且成功率也较高,表明中国队在进攻中技术运用的能力、进攻质量与节奏控制等强于特立尼达和多巴哥队。

表 3-2　中国队与特立尼达和多巴哥队比赛各场区进攻行为统计

单位:次

			前场			中场			后场			合计
			左边	中路	右边	左边	中路	右边	左边	中路	右边	
中国队	上半场	成功	11	5	12	65	38	30	11	30	10	212
		失误	2	2	5	11	4	11	3	9	4	51
	下半场	成功	10	17	12	68	49	42	8	26	4	236
		失误	5	8	4	9	7	2	5	20	1	61
特立尼达和多巴哥队	上半场	成功	5	4	2	35	30	31	1	15	3	126
		失误	1	12	1	12	5	11	2	8	4	56
	下半场	成功	19	15	6	40	6	32	5	36	8	167
		失误	4	8	4	11	46	12	0	8	1	94

2.射门与定位球进攻

中国队与特立尼达和多巴哥队比赛射门与定位球进攻情况如表 3-3 所示。中国队运动战禁区内射门 10 次(射正 9 次,进 4 球),禁区外射门 2 次(射正 1 次);左侧角球 2 次(失误 1 次,射门 1 次),右侧角球 4 次(失误 2 次,射门 2 次);前场 30 米任意球进攻 3 次(失误 2 次,射门 1 次)。全场比赛射正率为 83.33%,进球率为 25.00%。中国队在禁区内进攻的射门比较有效,所进的 4 球均为禁区内进球。在定位球的进攻中,中国队的右侧角球略占优势。

特立尼达和多巴哥队全场比赛共射门 12 次,其中,运动战禁区内射门 8 次(射正 6 次,进 2 球),禁区外射门 2 次(射正 1 次);左侧角球 3 次(失误 1 次,射门 2 次)。全场比赛射正率为 70.00%,进球率为 16.67%。

表 3-3　中国队与特立尼达和多巴哥队比赛射门与定位球进攻数据统计

单位:次

		运动战		角球		前场 30 米任意球			点球	合计
		禁区内	禁区外	左侧	右侧	左侧	中路	右侧		
中国队	上半场 失误	0	0	1	1	0	0	1	0	3
	射门	4	0	0	1	1	0	0	0	4/2
	射正	4	0	0	0	0	0	0	0	4
	进球	2	0	0	0	0	0	0	0	2
	下半场 失误	0	0	0	1	0	1	0	0	2
	射门	6	2	1	1	0	0	0	0	8/2
	射正	5	1	0	0	0	0	0	0	6
	进球	2	0	0	0	0	0	0	0	2
特立尼达和多巴哥队	上半场 失误	0	0	0	0	0	2	1	0	3
	射门	4	0	1	0	0	0	0	0	4/1
	射正	3	0	0	0	0	0	0	0	3
	进球	0	0	0	0	0	0	0	0	0
	下半场 失误	0	0	1	0	0	0	0	0	1
	射门	4	2	1	0	0	0	0	0	6/1
	射正	3	1	0	0	0	0	0	0	4
	进球	2	0	0	0	0	0	0	0	2

(二)中国队与特立尼达和多巴哥队比赛进攻态势变化

中国队与特立尼达和多巴哥队比赛进攻态势变化曲线如图 3-2 所示,大致可以分为三个阶段。第一阶段从上半场开始至第 35 分钟,中国队的进攻占据了优势,在此阶段攻入 2 球。第二阶段是上半场第 35 分钟至第 60 分钟,特立尼达和多巴哥队处于上风,但未取得进球。第三阶段是第 60 分钟以后,虽然中国队在第 60—70 分钟时间内打出了一个优势期,但之后两队的进攻态势基本均衡,中国队与特立尼达和多巴哥队各打入 2 球。

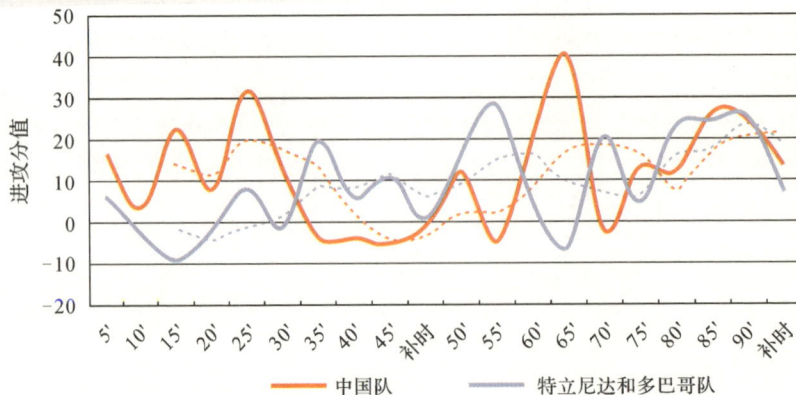

图 3-2　中国队与特立尼达和多巴哥队比赛进攻态势变化曲线

(三)中国队与特立尼达和多巴哥队比赛进攻技术行为运用

1.比赛进攻技术行为运用情况

中国队与特立尼达和多巴哥队比赛进攻技术行为统计如表3-4所示。在中国队主要进攻性技术行为中,短直传成功84次,失误18次,成功率为82.35%;边路传中成功7次,失误5次,成功率为58.33%;个人突破成功10次,失误13次,成功率为43.48%;直传身后成功4次,失误2次,成功率为66.67%;斜传身后成功7次,失误3次,成功率为70.00%;中直传成功36次,失误18次,成功率为66.67%;斜传路成功27次,失误10次,成功率为72.97%。

在中国队过渡性技术使用中,横传球成功156次,失误17次,成功率为90.17%;回传球成功106次,失误2次,成功率为98.15%。中国队进攻中由攻转守112次,其中前场40次,中场58次,后场14次。中国队在前场、中场由攻转守的较多,这说明中国队受到了对方极大的限制。

在特立尼达和多巴哥队主要进攻性技术行为中,短直传成功65次,失误21次,成功率为75.58%;长直传成功2次,失误9次,成功率为18.18%;中直传成功24次,失误28次,成功率为46.15%;斜传边路成功9次,失误18次,成功率为33.33%;长传反击成功3次,失误4次,成功率为42.86%;球门球成功2次,失误3次,成功率为40.00%。

在特立尼达和多巴哥队的过渡性技术使用中,横传球成功107次,失误21次,成功率为83.59%;回传球成功58次,失误19次,成功率为75.32%。特立尼达和多巴哥队由攻转守86次,其中前场29次,中场50次,后场7次。中国队在中场对特立尼达和多巴哥队进行了有效的限制。

表 3-4　中国队与特立尼达和多巴哥队进攻技术行为统计

单位:次

队伍	区域		短直传	边路传中	回头球	边路斜传	斜传分边	个人突破	直传身后	中路传切	斜传身后	长传转移	横传转移	长直传	中直传	斜传边路	带球反击	长传反击	斜传转移	球门球	横传球	回传球	攻转守	合计
中国队	前场	成功	3	7	0	0	5	10	3	1	3	0	0	0	0	0	0	0	0	0	18	17	40	67/40
		失误	2	5	1	1	0	9	1	0	0	0	0	0	0	0	0	0	0	0	5	2	0	26
	中场	成功	68	0	0	0	0	0	1	0	4	1	0	2	21	13	0	0	0	0	105	77	58	292/58
		失误	13	0	0	0	0	0	4	1	0	0	1	3	10	3	0	0	0	0	6	0	0	44
	后场	成功	13	0	0	0	0	0	0	0	0	0	0	1	15	14	0	0	0	1	33	12	14	89/14
		失误	3	0	0	0	0	0	0	0	0	0	0	12	8	0	0	0	0	0	6	0	0	42
	小计	成功	84	7	0	0	5	10	4	1	7	1	0	3	36	27	0	0	0	1	156	106	112	448/112
		失误	18	5	1	1	0	13	2	0	3	0	1	15	18	10	0	0	0	0	17	2	0	112
特立尼达和多巴哥队	前场	成功	5	4	1	0	5	2	2	0	2	0	2	0	0	0	0	0	0	0	16	12	29	51/29
		失误	1	2	1	2	0	6	0	0	2	0	0	0	0	0	0	0	0	0	3	11	0	30
	中场	成功	46	0	0	0	0	0	1	0	0	0	2	1	16	3	0	0	3	0	68	35	50	174/50
		失误	19	0	0	0	0	0	0	1	0	0	1	7	22	15	0	4	0	0	14	8	0	97
	后场	成功	14	0	0	0	0	0	0	0	0	0	0	1	8	6	0	3	0	2	23	11	7	68/7
		失误	1	0	0	0	0	0	0	0	0	0	0	2	6	3	0	4	0	3	4	0	0	23
	小计	成功	65	4	1	0	5	2	4	0	2	0	4	2	24	9	0	3	3	2	107	58	86	293/86
		失误	21	2	1	2	0	6	0	1	2	0	1	9	28	18	0	8	0	3	21	19	0	150

2. 威胁性进攻技术行为分析

中国队对特立尼达和多巴哥队比赛威胁性进攻技术运用情况如图 3-3 所示。在前场有威胁的进攻中,个人突破成功 10 次,失误 9 次,成功率为 52.63%;边路传中成功 7 次,失误 5 次,成功率为 58.33%;回头球失误 1 次;边路斜传失误 1 次;直传身后成功 3 次,失误 1 次,成功率为 75.00%。在中场,个人突破失误 4 次;斜传身后成功 4 次,失误 3 次,成功率为 57.14%;直传身后成功 1 次,失误 1 次,成功率为 50.00%。

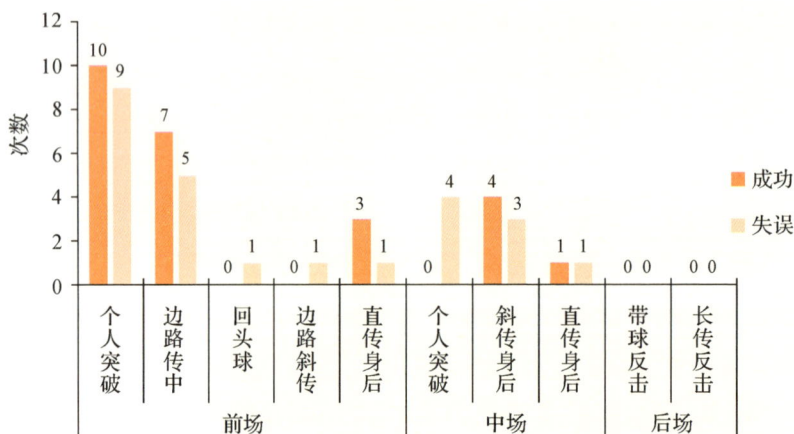

图 3-3 中国队对特立尼达和多巴哥队比赛威胁性进攻技术运用情况

特立尼达和多巴哥队对中国队比赛威胁性进攻技术运用情况如图 3-4 所示。在前场有威胁的进攻中,个人突破成功 4 次,失误 6 次,成功率为 40.00%;边路传中成功 4 次,失误 2 次,成功率为 66.67%;边路斜传失误 2 次;直传身后成功 2 次。在中场,个人突破失误 4 次;斜传身后成功 2 次,失误 6 次,成功率为 25.00%;直传身后成功 1 次,失误 1 次,成功率为 50.00%。在后场,长传反击成功 3 次,失误 4 次,成功率为 42.86%。

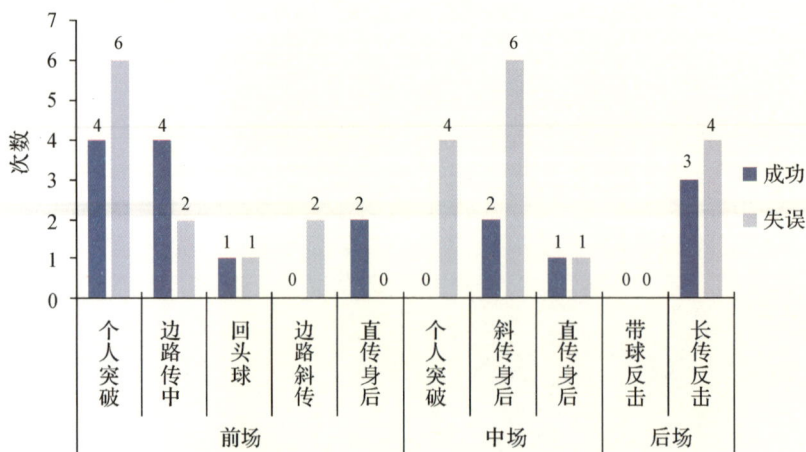

图 3-4 特立尼达和多巴哥队对中国队比赛威胁性进攻技术运用情况

中国队威胁性技术运用中,个人突破、边路传中运用的次数较多,成功率较高,前场直传身后成功率较高;而前场的边路斜传,中场的个人突破、斜传身后、直传身后运用的次数均较少,对方在中场对中国队进攻的限制比较成功。

特立尼达和多巴哥队在中国队的限制下,中、前场有威胁性进攻的成功率较低,后场采取了长传的进攻策略,但是效果较差。这反映了特立尼达和多巴哥队的进攻实力弱于中国队。

(四)中国队进球分析

中国队以 4∶2 赢得了该场比赛。中国队的第一个进球在开场第 1 分 28 秒时,邰林前场中路拦截成功,个人向前带球后在大禁区边沿处将球传向后点,姜宁头球攻门成功,如图 3-5 所示。

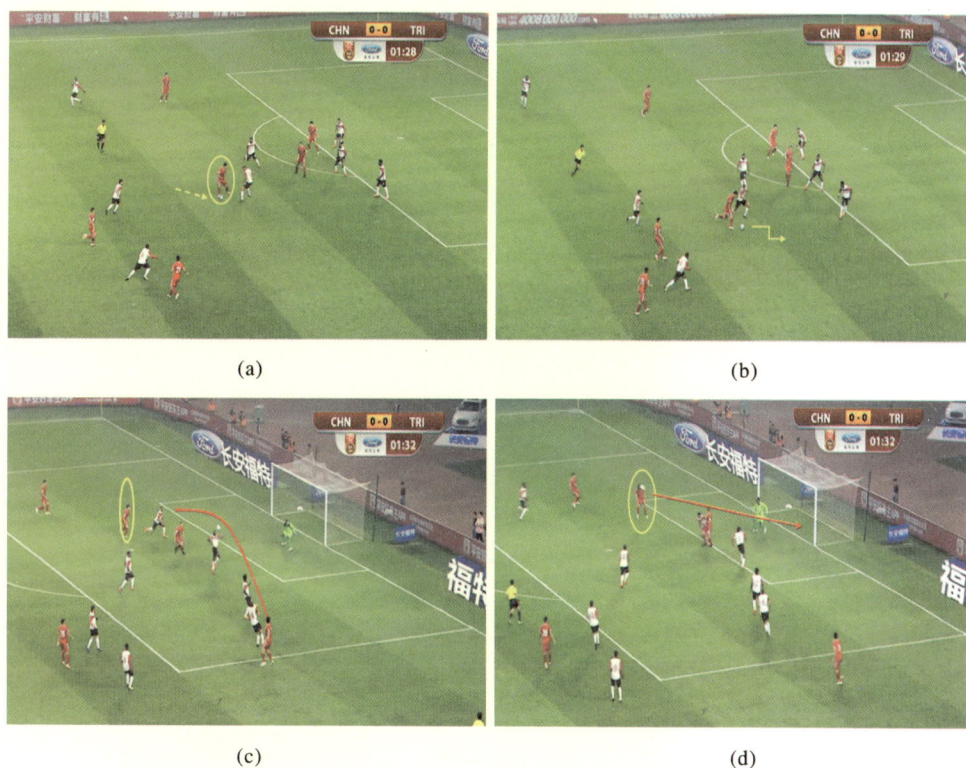

(a)	(b)
(c)	(d)

图 3-5　中国队与特立尼达和多巴哥队比赛第一个进球

中国队的第二个进球在上半场第 30 分 03 秒时,中国队利用战术角球,由邰林将球传至后点,埋伏在人群中的张玉宁将球顶入球门,如图 3-6 所示。

中国队的第三个进球在下半场第 60 分 50 秒时,中国队左侧利用战术角球将球发至中路,姜宁横传至胡人天射门,球被对方后卫挡至右路,右边路的张琳芃得球后,将球传至禁区内,张玉宁将球顶入球门,如图 3-7 所示。

(a)　　　　　　　　　　　　(b)

(c)　　　　　　　　　　　　(d)

图 3-6　中国队与特立尼达和多巴哥队比赛第二个进球

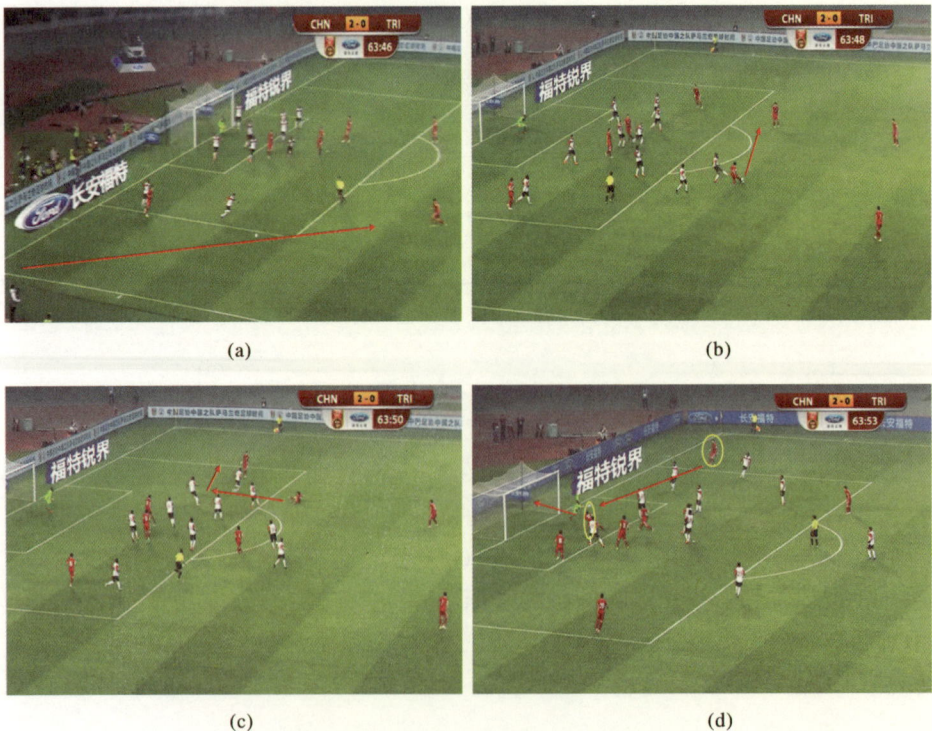

(a)　　　　　　　　　　　　(b)

(c)　　　　　　　　　　　　(d)

图 3-7　中国队与特立尼达和多巴哥队比赛第三个进球

中国队的第四个进球在下半场第 87 分 45 秒时,张玉宁接左路横传球,吸引了对方中路两名中卫施压,此时对方的左路边后卫身后出现一个大空当,张玉宁顺势将球分向处于空当中的胡人天,胡人天接球后在对方上前施压之前将球打入球门,如图 3-8 所示。

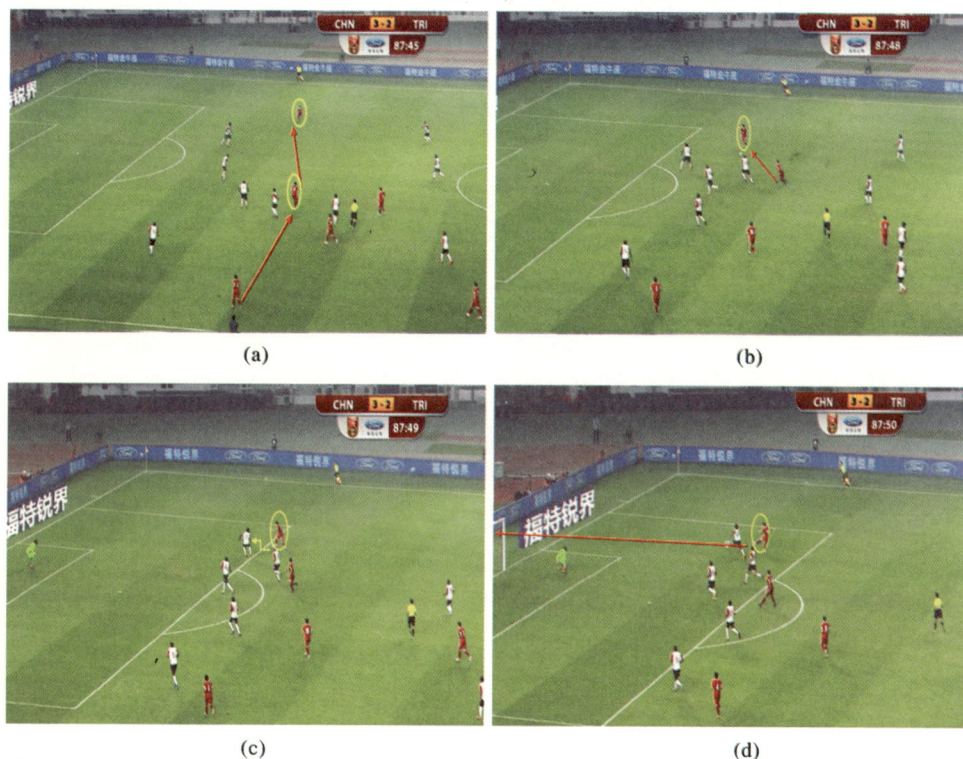

(a) (b) (c) (d)

图 3-8　中国队与特立尼达和多巴哥队比赛第四个进球

三、中国队与特立尼达和多巴哥队比赛防守行为分析

(一)中国队与特立尼达和多巴哥队比赛防守行为数据统计

1.各场区防守行为与时段

中国队与特立尼达和多巴哥队比赛整体防守行为如表 3-5 所示。中国队全场比赛个人防守行为 630 次(无压 97 次),成功 336 次,失误 197 次,成功率为 53.33%;特立尼达和多巴哥队为 759 次(无压 91 次),成功 434 次,失误 234 次,成功率为 57.18%。中国队全场个人防守次数明显少于特立尼达和多巴哥队,且成功率要低于对手。

其中,中国队前场个人防守 79 次(无压 30 次),成功 24 次,失误 25 次,成功率为 30.38%;特立尼达和多巴哥队前场个人防守 110 次(无压 39 次),成功 37 次,失误 34 次,成功率为 33.64%。中国队中场个人防守 382 次(无压 65 次),成功 210 次,失误 107 次,成功率为 54.97%;特立尼达和多巴哥队中场个人防守 435 次(无压 52 次),成功 258 次,失误 125 次,成功率为 59.31%。中国队后场个人防守 169 次(无压 2 次),成功 102 次,失误 65 次,成功率为 60.36%;特立尼达和多巴哥队后场个人防守 214 次(无压 0 次),成功 139 次,失误 75 次,成功率为 64.95%。中国队在前、中、后场防守的次数均少于特立尼达和多巴哥队,且成功率也略低于对方。

中国队小组防守 61 次,成功 40 次,失误 21 次,成功率为 65.57%;特立尼达和多巴哥队小组防守 71 次,成功 47 次,失误 24 次,成功率为 66.20%。在小组防守中,双方运用的次数和成功率基本接近,特立尼达和多巴哥队略微占优。

其中,中国队前场小组防守成功 1 次,失误 2 次,成功率为 33.33%;特立尼达和多巴哥队前场小组防守成功 12 次,失误 10 次,成功率为 54.55%。中国队中场小组防守成功 18 次,失误 7 次,成功率为 72.00%;特立尼达和多巴哥队中场小组防守成功 15 次,失误 2 次,成功率为 88.24%。中国队后场小组防守成功 21 次,失误 12 次,成功率为 63.64%;特立尼达和多巴哥队后场小组防守成功 20 次,失误 12 次,成功率为 62.50%。中国队小组防守主要集中在中场和后场,特立尼达和多巴哥队前场和后场小组防守次数较多。

表 3-5 中国队与特立尼达和多巴哥队比赛各场区防守行为数据统计

单位:次

场地区域与防守类型			中国队				特立尼达和多巴哥队			
			上半场		下半场		上半场		下半场	
			成功	失误	成功	失误	成功	失误	成功	失误
前场	左边	个人	3	7	5	3	1	3	5	4
		小组	0	2	1	0	0	0	0	0
	中路	个人	5	5	5	8	8	4	12	10
		小组	0	0	0	0	0	0	12	10
	右边	个人	1	1	5	1	6	3	5	10
		小组	0	0	0	0	0	0	0	0
	无压		10		20		22		17	
中场	左边	个人	34	22	41	16	38	22	32	17
		小组	4	2	7	1	3	2	1	0
	中路	个人	29	24	47	20	21	15	44	25
		小组	1	0	1	0	3	0	1	0
	右边	个人	42	15	17	10	78	21	45	25
		小组	3	3	2	1	4	0	3	0
	无压		21		44		32		20	
后场	左边	个人	8	3	11	8	25	10	9	12
		小组	3	1	2	1	4	2	2	0
	中路	个人	14	9	44	27	15	16	52	25
		小组	3	2	10	7	3	7	6	2
	右边	个人	7	4	18	14	12	8	26	4
		小组	0	0	3	1	3	0	2	1
	无压		0		2		0		0	

场地区域与防守类型		中国队				特立尼达和多巴哥队			
		上半场		下半场		上半场		下半场	
		成功	失误	成功	失误	成功	失误	成功	失误
合计	个人	143	90	193	107	204	102	230	132
	小组	14	10	26	11	20	11	27	13
	无压	31		66		54		37	

2. 防守对方射门与定位球进攻

中国队与特立尼达和多巴哥队比赛防守射门与定位球数据统计如表 3-6 所示。中国队防守对方运动战禁区内射门 3 次(成功 1 次,失误 2 次,被进 2 球),禁区外射门 5 次(成功 2 次,失误 3 次);防守右侧角球 3 次(成功 1 次,失误 2 次);防守后场 30 米任意球进攻成功 3 次。

特立尼达和多巴哥队防守对方运动战禁区内射门 11 次(失误 11 次,被进 4 球),禁区外射门成功 1 次;防守角球 5 次(成功 3 次,失误 2 次);防守后场 30 米任意球进攻 4 次(成功 3 次,失误 1 次)。

表 3-6　中国队与特立尼达和多巴哥队比赛防守射门与定位球数据统计

单位:次

			运动战		角球		后场 30 米任意球			点球	合计
			禁区内	禁区外	左侧	右侧	左侧	中路	右侧		
中国队	上半场	成功	1	2	0	0	1	2	0	0	6
		失误	0	2	0	1	0	0	0	0	3
		被进球	0	0	0	0	0	0	0	0	0
	下半场	成功	0	0	0	1	0	0	0	0	1
		失误	2	1	0	1	0	0	0	0	4
		被进球	2	0	0	0	0	0	0	0	2
特立尼达和多巴哥队	上半场	成功	0	0	1	1	2	0	0	0	4
		失误	5	0	1	0	0	0	1	0	7
		被进球	2	0	0	0	0	0	0	0	2
	下半场	成功	0	1	1	0	0	1	0	0	3
		失误	6	0	0	1	0	0	0	0	7
		被进球	2	0	0	0	0	0	0	0	2

(二)中国队与特立尼达和多巴哥队比赛防守态势变化

中国队与特立尼达和多巴哥队比赛防守态势变化曲线如图 3-9 所示。中国队在上半场前 35 分钟的防守要明显好于特立尼达和多巴哥队,此后对方的防守有所加强,其防守态势曲线分值超过了中国队。本场比赛 60 分钟以后,双方的防守态势曲线变化幅度较大,尤其是特立尼达和多巴哥队,在第 65 分钟和第 90 分钟左右的时候防守存在明显的问题。

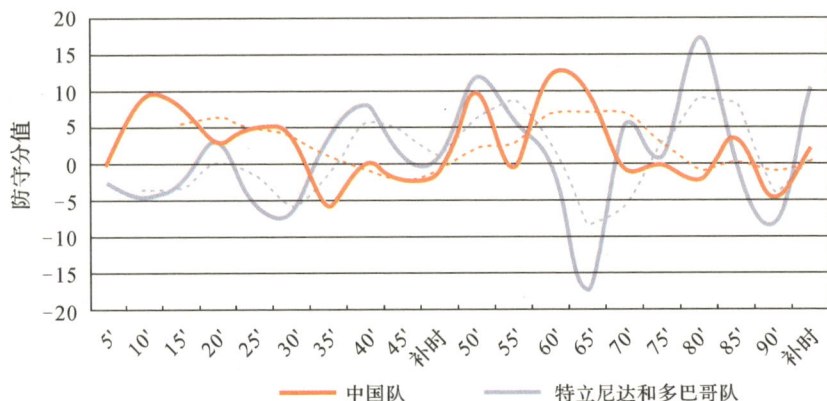

图 3-9　中国队与特立尼达和多巴哥队比赛防守态势变化曲线

（三）中国队与特立尼达和多巴哥队比赛防守技术运用

中国队与特立尼达和多巴哥队比赛防守技术行为统计如表 3-7 所示。在中国队个人主要防守技术行为中，施压成功 203 次，失误 150 次，成功率为 57.51％；无压 97 次；反抢成功 10 次，失误 7 次，成功率为 58.82％；1vs1 成功 15 次，失误 18 次，成功率为 45.45％；抢断成功 36 次，失误 4 次，成功率为 90.00％；争顶成功 15 次，失误 11 次，成功率为 57.69％。

在小组防守中，中国队压迫成功 15 次，失误 14 次，成功率为 51.72％；保护成功 25 次，失误 7 次，成功率为 78.13％。中国队防守中由守转攻 96 次，其中前场 7 次，中场 51 次，后场 38 次。

在特立尼达和多巴哥队个人主要防守技术行为中，施压成功 277 次，失误 182 次，成功率为 60.35％；无压 91 次；反抢成功 5 次，失误 7 次，成功率为 41.67％；1vs1 成功 22 次，失误 13 次，成功率为 62.86％；抢断成功 52 次，失误 3 次，成功率为 94.55％；争顶成功 20 次，失误 18 次，成功率为 52.63％；解围成功 11 次，失误 1 次，成功率为 91.67％；封堵成功 5 次，失误 4 次，成功率为 55.56％。

在小组防守中，特立尼达和多巴哥队压迫成功 13 次，失误 5 次，成功率为 72.22％；保护成功 22 次，失误 9 次，成功率为 70.97％。特立尼达和多巴哥队防守中由守转攻 98 次，其中前场 11 次，中场 52 次，后场 35 次。

表 3-7　中国队与特立尼达和多巴哥队比赛防守技术运用情况统计

单位：次

			施压	无压	反抢	1vs1	抢断	拦截	铲球	争顶	解围	封堵	压迫	保护	守转攻	合计
中国队	前场	成功	17	0	4	0	2	1	0	0	0	0	1	0	7	25/7
		失误	20	30	3	0	2	0	0	0	0	0	2	0	0	57
	中场	成功	141	0	4	9	23	24	1	8	0	0	10	8	51	228/51
		失误	88	65	2	9	1	0	1	6	0	0	7	0	0	179

续表

		施压	无压	反抢	1vs1	抢断	拦截	铲球	争顶	解围	封堵	压迫	保护	守转攻	合计
中国队	后场 成功	45	0	2	6	11	21	0	7	8	2	4	17	38	123/38
	失误	42	2	2	9	1	0	1	5	1	4	5	7	0	79
	小计 成功	203	0	10	15	36	46	1	15	8	2	15	25	96	376/96
	失误	150	97	7	18	4	0	2	11	1	4	14	7	0	315
特立尼达和多巴哥队	前场 成功	31	0	2	0	4	0	0	0	0	0	0	0	11	37/11
	失误	30	39	1	2	1	0	0	0	0	0	0	0	0	73
	中场 成功	176	0	3	11	32	21	2	13	0	0	6	9	52	273/52
	失误	102	52	5	3	2	0	2	11	0	0	2	0	0	179
	后场 成功	70	0	0	11	16	16	3	7	11	5	7	13	35	159/35
	失误	50	0	1	8	0	0	4	7	1	4	3	9	0	87
	小计 成功	277	0	5	22	52	37	5	20	11	5	13	22	98	469/98
	失误	182	91	7	13	3	0	6	18	1	4	5	9	0	339

中国队个人防守中的施压的成功率低于特立尼达和多巴哥队,这表明中国队在全场的某些区域主动逼抢的执行力不够。中国队在丢球后反抢运用的次数多于特立尼达和多巴哥队,成功率高于对方,在丢球的一刹那立即压迫较为坚决。但是中国队 1vs1 防守的成功率低于对手,这主要是因为球员个人的防守能力方面的欠缺。在抢断球方面,中国队的成功率低于特立尼达和多巴哥队,这表明对手抢断的能力强于中国队。中国队的小组压迫成功率低于特立尼达和多巴哥队,但小组保护要比对手做得好。

(四)中国队与特立尼达和多巴哥队比赛守门员技术比较

中国队与特立尼达和多巴哥队比赛守门员技术统计如表 3-8 所示。中国队守门员(曾诚)处理球共 12 次,成功 10 次,失误 2 次,失 2 球,成功率为 83.33%。其中,扑接球成功 9 次,扑必进球失误 2 次,防传中球成功 1 次。

特立尼达和多巴哥队守门员(方赛特)处理球 14 次,成功 10 次,失误 4 次,失 4 球,成功率为 71.43%。其中,扑接球成功 4 次;扑必进球 8 次(成功 4 次,失误 4 次,失 4 球);扑单刀球成功 1 次;防传中球成功 1 次。

表 3-8 中国队与特立尼达和多巴哥队比赛守门员技术统计

单位:次

		扑接球	扑必进球	扑单刀球	防传中球	出击抢断	点球防守	失球	合计
中国队 上半场	成功	2	0	0	0	0	0	0	2
	失误	0	0	0	0	0	0	0	0

续表

			扑接球	扑必进球	扑单刀球	防传中球	出击抢断	点球防守	失球	合计
中国队	下半场	成功	7	0	0	1	0	0	0	8
		失误	0	2	0	0	0	0	2	2/2
特立尼达和多巴哥队	上半场	成功	0	1	0	1	0	0	0	2
		失误	0	2	0	0	0	0	2	2/2
	下半场	成功	4	3	1	0	0	0	0	8
		失误	0	2	0	0	0	0	2	2/2

(五)中国队失球分析

中国队的第一个失球是在下半场第 66 分 02 秒时,对方左路发出角球,中路对方球员头球后蹭至后点,中国队后点漏人,被对方 11 号球员普拉萨将球送入空门,如图 3-10 所示。

(a)　　　　　　　　　　　　(b)

图 3-10　中国队与特立尼达和多巴哥队比赛第一个失球

中国队的第二个失球是在下半场第 85 分 12 秒时,特立尼达和多巴哥队右路直塞肋部,其 7 号球员埃克托中路高速斜插中国队边后卫身后形成突破,将球传至后点,由 11 号球员普拉萨将球顶入中国队球门,如图 3-11 所示。

四、中国队与特立尼达和多巴哥队比赛犯规情况

中国队与特立尼达和多巴哥队比赛犯规数据统计如表 3-9 所示。中国队上半场犯规 7 次;下半场犯规 4 次,越位 3 次。特立尼达和多巴哥队上半场犯规 8 次,越位 1 次;下半场犯规 4 次。

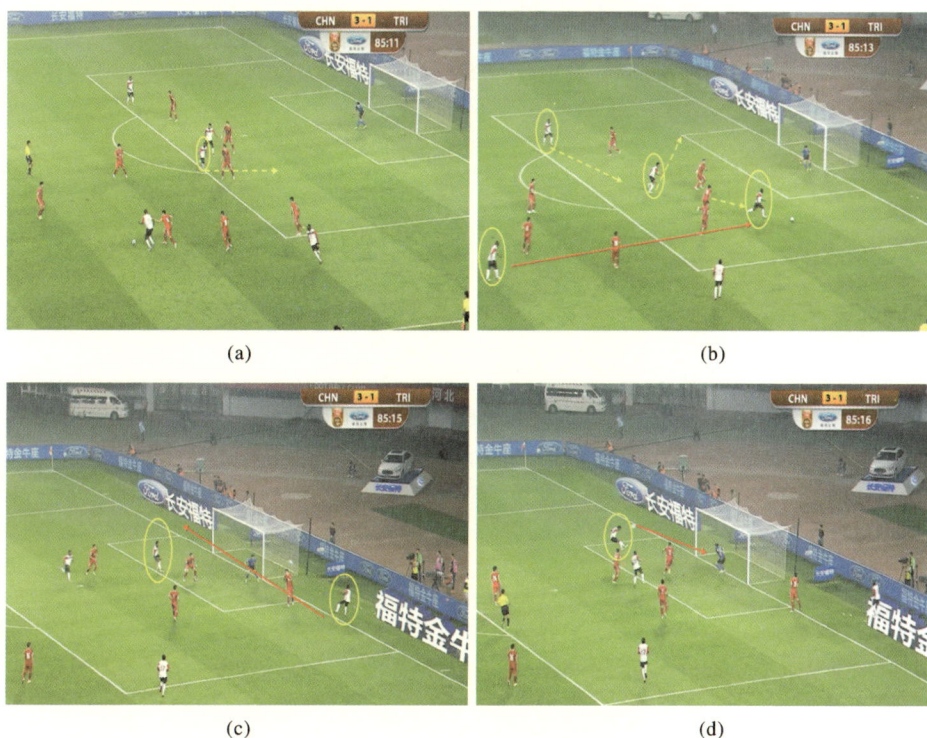

(a)

(b)

(c)

(d)

图 3-11 中国队与特立尼达和多巴哥队比赛第二个失球

表 3-9 中国队与特立尼达和多巴哥队比赛犯规数据统计

单位：次

		犯规	黄牌	红牌	越位
中国队	上半场	7	0	0	0
	下半场	4	0	0	3
特立尼达和 多巴哥队	上半场	8	0	0	1
	下半场	4	0	0	0

第二节　中国队（主场）与哈萨克斯坦队
比赛技术实力分析

　　2016 年 6 月 7 日，中国男足在大连市体育中心体育场迎战哈萨克斯坦队，最终国足以 0∶1 输给哈萨克斯坦队。哈萨克斯坦队的阿扎特在第 67 分 06 秒头球吊射破门。

一、中国队与哈萨克斯坦队出场阵容

　　本场比赛中国队采用 4-2-3-1 阵型，哈萨克斯坦队采用 5-3-2 阵型（见图 3-12），具体比赛球员名单如表 3-10 所示。

表 3-10 中国队与哈萨克斯坦队首发和替补队员名单

	中国队			哈萨克斯坦队		
首发队员	王大雷	(23)	门将	罗尼耶	(12)	门将
	任航	(10)	后卫	谢尔盖	(2)	后卫
	冯潇霆	(25)	后卫	艾哈迈多夫	(6)	后卫
	张琳芃	(3)	后卫	科尼斯巴耶夫	(7)	后卫
	赵明剑	(17)	后卫	斯马科夫	(8)	后卫
	蒿俊闵	(26)	前卫	穆日科夫	(11)	后卫
	吴曦	(13)	前卫	拜沙诺夫	(15)	前卫
	李学鹏	(11)	前卫	肖科夫	(18)	前卫
	武磊	(7)	前卫	诺塞尔巴耶夫	(17)	前卫
	荣昊	(16)	前卫	伊日尼什科	(20)	前锋
	杨旭	(18)	前锋	洛格维年科	(23)	前锋
替补队员	黄博文(24)46 分钟 ⇆ 吴曦(13)			苏约姆巴耶夫(16)46 分钟⇆科尼斯巴耶夫(7)		
	张玉宁(15)46 分钟 ⇆ 杨旭(18)			阿扎特(13)60 分钟 ⇆ 伊日尼什科(20)		
	于海(22)54 分钟 ⇆ 李学鹏(11)			穆库尤迪诺夫(9)66 分钟 ⇆ 拜沙诺夫(15)		
	于汉超(19)69 分钟 ⇆ 武磊(7)			木尔塔扎耶夫(19)76 分钟⇆诺塞尔巴耶夫(17)		
	姜宁(20)84 ⇆ 荣昊(16)			阿斯哈特(10)88 分钟 ⇆ 斯马科夫(8)		
				多斯马卡贝耶夫(14)90 分钟 ⇆ 穆日科夫(11)		

图 3-12 中国队与哈萨克斯坦队比赛阵型

二、中国队与哈萨克斯坦队比赛进攻行为分析

(一)中国队与哈萨克斯坦队比赛进攻行为数据统计

1.各区域进攻行为与时段

中国队与哈萨克斯坦队比赛进攻行为数据统计如表 3-11 所示。中国队全场比赛进攻行为(不包括射门和定位球进攻,下同)632 次,成功率为 81.33%;哈萨克斯坦队为 406 次,成功率为 74.14%。中国队的进攻次数要多于哈萨克斯坦队。

其中,中国队前场进攻行为 108 次,成功 77 次,成功率为 71.30%;哈萨克斯坦队为 49 次,成功 34 次,成功率为 69.39%。中国队中场进攻行为 419 次,成功 353 次,成功率为 84.25%;哈萨克斯坦队为 243 次,成功 192 次,成功率为 79.01%。中国队后场进攻行为 105 次,成功 84 次,成功率为 80.00%;哈萨克斯坦队为 114 次,成功 75 次,成功率为 65.79%。中国队前场与中场进攻行为的次数多于哈萨克斯坦队,成功率高于哈萨克斯坦队。

中国队上半场进攻行为 345 次,成功 279 次,成功率为 80.87%;哈萨克斯坦队为 248 次,成功 192 次,成功率为 77.42%。中国队下半场进攻行为 287 次,成功 235 次,成功率为 81.88%;哈萨克斯坦队为 158 次,成功 109 次,成功率为 68.99%。中国队上、下半场的进攻次数均多于哈萨克斯坦队,且成功率也相对较高。

表 3-11　中国队与哈萨克斯坦队比赛各场区进攻行为统计

单位:次

			前场			中场			后场			合计
			左边	中路	右边	左边	中路	右边	左边	中路	右边	
中国队	上半场	成功	14	8	8	83	69	48	8	29	12	279
		失误	4	5	4	19	8	14	4	7	1	66
	下半场	成功	14	11	22	51	49	53	3	24	8	235
		失误	5	11	2	9	5	11	0	7	2	52
哈萨克斯坦队	上半场	成功	3	6	11	42	30	53	15	26	6	192
		失误	3	2	6	11	10	11	3	7	3	56
	下半场	成功	6	7	1	19	31	17	8	17	3	109
		失误	1	1	2	6	4	9	4	19	3	49

2.射门与定位球进攻

中国队与哈萨克斯坦队比赛射门与定位球进攻情况如表 3-12 所示。中国队运动战禁区内射门 4 次(射正 3 次),禁区外射门 2 次(射正 1 次);左侧角球失误 2 次,右侧角球失误 2 次;前场 30 米任意球进攻 9 次(失误 6 次,射门 3 次)。全场比赛射正率为 66.67%。

哈萨克斯坦队全场比赛共射门 12 次,其中,运动战禁区内射门 7 次(射正 4 次),禁区外射门 2 次(射正 1 次),左侧角球失误 2 次,右侧角球 2 次(成功 1 次,失误 1 次),前场 30 米任意球射门 4 次(失误 2 次,射门 2 次)。全场比赛射正率为 55.56%,进球率为 8.33%。

中国队在前场进攻的次数较多,但创造射门的机会却少于哈萨克斯坦队,哈萨克斯坦队在前场配合进攻的实效性相对较高。

表 3-12　中国队与哈萨克斯坦队比赛射门与定位球进攻数据统计

单位:次

			运动战		角球		前场 30 米任意球			点球	合计
			禁区内	禁区外	左侧	右侧	左侧	中路	右侧		
中国队	上半场	失误	0	0	1	1	0	0	1	0	3
		射门	2	1	0	0	0	0	0	0	3
		射正	1	0	0	0	0	0	0	0	1
		进球	0	0	0	0	0	0	0	0	0
	下半场	失误	0	0	1	1	2	1	2	0	7
		射门	2	1	0	0	1	1	1	0	3/3
		射正	2	1	0	0	0	0	0	0	3
		进球	0	0	0	0	0	0	0	0	0
哈萨克斯坦队	上半场	失误	0	0	1	1	0	0	0	0	2
		射门	3	1	0	1	0	0	2	0	4/3
		射正	3	1	0	0	0	0	0	0	4
		进球	0	0	0	0	0	0	0	0	0
	下半场	失误	0	0	1	0	0	1	1	0	3
		射门	4	1	0	0	0	0	0	0	5
		射正	1	0	0	0	0	0	0	0	1
		进球	1	0	0	0	0	0	0	0	1

(二)中国队与哈萨克斯坦队比赛进攻态势变化

中国队与哈萨克斯坦队比赛进攻态势变化曲线如图 3-13 所示。两个队的进攻态势可以分为两个阶段:从比赛开始到下半场第 70 分钟,双方的进攻态势尽管有起伏变化,但基本保持平衡。哈萨克斯坦队第 67 分钟进球以后,中国队明显加强了进攻,并处于主导地位,但中国队并没有取得进球。哈萨克斯坦队在比赛的最后 20 分钟内,进攻明显弱于进球以前。

(三)中国队与哈萨克斯坦队比赛进攻技术行为运用

1. 比赛进攻技术行为运用情况

中国队与哈萨克斯坦队比赛进攻技术行为统计如表 3-13 所示。在中国队主要进攻性技术行为中,短直传成功 105 次,失误 25 次,成功率为 80.77%;边路传中成功 3 次,失误 4 次,成功率为 42.86%;个人突破成功 9 次,失误 6 次,成功率为 60.00%;直传身后成功 2 次,失误 6 次,成功率为 25.00%;斜传身后成功 9 次,失误 7 次,成功率为 56.25%;中直传

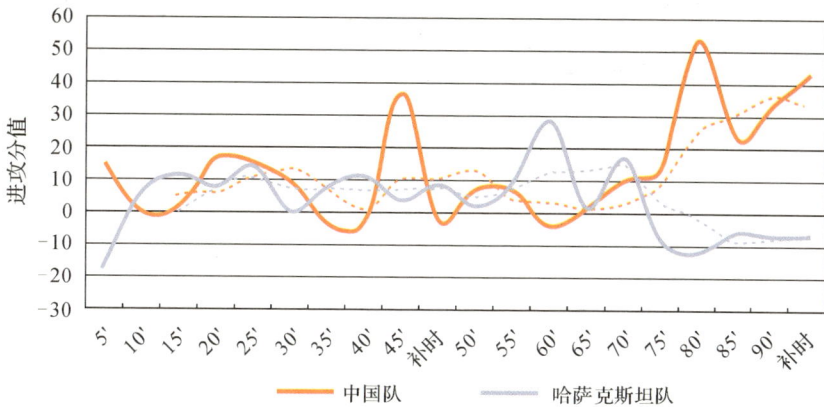

图 3-13　中国队与哈萨克斯坦队比赛进攻态势变化曲线

成功 37 次,失误 17 次,成功率为 68.52%;斜传边路成功 28 次,失误 8 次,成功率为 77.78%。中国队的短直传、斜传边路、中直传、个人突破使用次数较多,成功率较高。

在中国队过渡性技术使用中,横传球成功 187 次,失误 18 次,成功率为 91.22%;回传球成功 125 次,失误 4 次,成功率为 96.90%。中国队进攻中由攻转守 102 次,其中前场 39 次,中场 55 次,后场 8 次。中国队在前场和中场被对方限制较多。

在哈萨克斯坦队主要进攻性技术行为中,短直传成功 56 次,失误 26 次,成功率为 68.29%;横传转移成功 2 次;长直传失误 7 次;斜传边路成功 22 次,失误 5 次,成功率为 81.48%;长传反击成功 1 次,失误 11 次,成功率为 8.33%;球门球成功 2 次,失误 8 次,成功率为 20.00%。哈萨克斯坦队斜传边路变换进攻方向较多,但是边路传中、个人突破和边路斜传的成功率较低,没有形成有效的进攻。

在哈萨克斯坦队过渡性技术使用中,横传球成功 109 次,失误 15 次,成功率为 87.90%;回传球成功 67 次,失误 7 次,成功率为 90.54%。哈萨克斯坦队进攻中由攻转守 103 次,其中前场 23 次,中场 60 次,后场 20 次。哈萨克斯坦队主要在中场区域受到了限制。

表 3-13　中国队与哈萨克斯坦队进攻技术行为统计

单位:次

		短直传	边路传中	回头球	边路斜传	斜传分边	个人突破	直传身后	中路传切	斜传身后	长传转移	横传转移	长直传	中直传	斜传边路	带球反击	长传反击	斜传转移	球门球	横传球	回传球	攻转守	合计
前场	成功	11	3	0	1	1	7	2	1	1	0	0	0	0	0	0	0	0	0	24	26	39	77/39
	失误	7	4	0	4	0	2	1	3	1	0	0	0	0	0	0	0	0	0	7	2	0	31
中国队 中场	成功	73	0	0	0	0	2	0	0	8	0	1	1	31	10	0	0	0	0	142	85	55	353/55
	失误	15	0	0	0	0	4	5	0	6	1	3	4	13	3	0	0	0	1	10	1	0	66
后场	成功	21	0	0	0	0	0	0	0	0	0	0	0	6	18	0	2	0	2	21	14	8	84/8
	失误	3	0	0	0	0	0	0	0	0	0	0	1	4	5	0	6	0	0	1	1	0	21
小计	成功	105	3	0	1	1	9	2	1	9	0	1	1	37	28	0	2	0	2	187	125	102	514/102
	失误	25	4	0	4	0	6	6	3	7	1	3	5	17	8	0	6	0	1	18	4	0	118

续表

		短直传	边路传中	回头球	边路斜传	斜传分边	个人突破	直传身后	中路传切	斜传身后	长传转移	横传转移	长直传	中直传	斜传边路	带球反击	长传反击	斜传转移	球门球	横传球	回传球	攻转守	合计
哈萨克斯坦队	前场 成功	3	1	1	2	2	5	4	0	0	0	0	0	0	0	0	0	0	0	10	6	23	34/23
	前场 失误	3	1	0	4	0	3	2	0	1	0	0	0	0	0	0	0	0	0	0	1	0	15
	中场 成功	37	0	0	0	0	2	0	0	3	0	2	0	13	9	0	0	0	0	75	51	60	192/60
	中场 失误	17	0	0	0	0	1	0	0	2	1	0	7	4	2	0	0	0	0	10	4	0	51
	后场 成功	16	0	0	0	0	0	0	0	0	0	0	0	8	13	0	1	1	2	24	10	20	75/20
	后场 失误	6	0	0	0	0	0	0	0	0	2	0	0	3	0	11	0	8	5	2	0		39
	小计 成功	56	1	1	2	2	7	4	0	3	0	2	0	21	22	0	1	1	2	109	67	103	301/103
	小计 失误	26	1	0	4	0	3	6	0	3	1	0	7	8	5	0	11	0	8	15	7	0	105

2. 威胁性进攻技术行为分析

中国队对哈萨克斯坦队比赛威胁性进攻技术运用情况如图 3-14 所示。在前场有威胁的进攻中,个人突破成功 7 次,失误 2 次,成功率为 77.78%;边路传中成功 3 次,失误 4 次,成功率为 42.86%;边路斜传成功 1 次,失误 4 次,成功率为 20.00%;直传身后成功 2 次,失误 1 次,成功率为 66.67%。在中场,个人突破成功 2 次,失误 4 次,成功率为 33.33%;斜传身后成功 8 次,失误 6 次,成功率为 57.14%;直传身后失误 5 次。在后场,长传反击成功 2 次,失误 6 次,成功率为 25.00%。

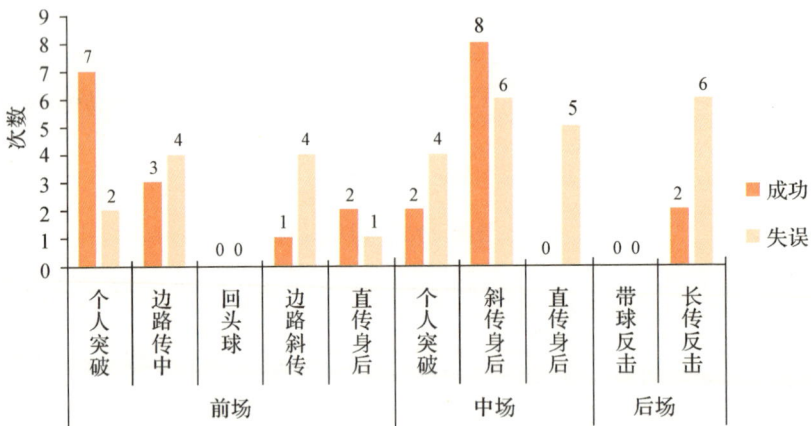

图 3-14 中国队对哈萨克斯坦队比赛威胁性进攻技术运用情况

哈萨克斯坦队对中国队比赛威胁性进攻技术运用情况如图 3-15 所示。在前场有威胁的进攻中,个人突破成功 5 次,失误 3 次,成功率为 62.50%;边路传中成功 1 次,失误 1 次,成功率为 50.00%;边路斜传成功 2 次,失误 4 次,成功率为 33.33%;直传身后成功 4 次,失误 2 次,成功率为 66.67%。在中场,个人突破成功 2 次;斜传身后成功 3,失误 2 次,成功率为 60.00%;直传身后失误 4 次。在后场,长传反击成功 1 次,失误 11 次,成功率为 8.33%。

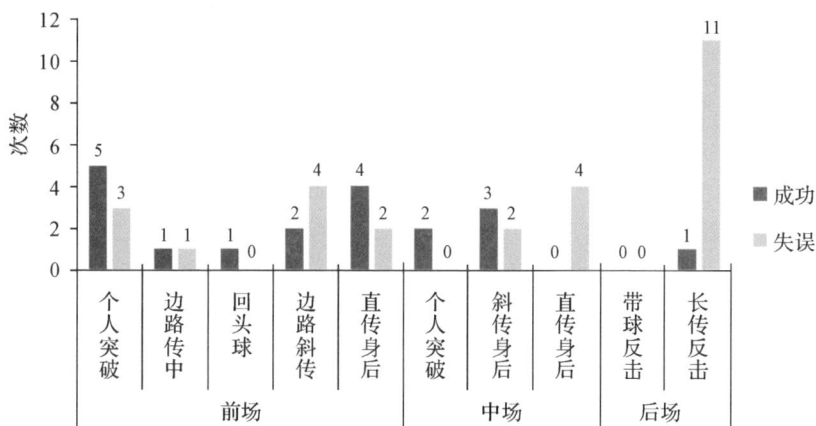

图 3-15 哈萨克斯坦队对中国队比赛威胁性进攻技术运用情况

图 3-14 和图 3-15 的数据显示,中国队威胁性进攻的指标并不高,对方在前场对中国队威胁性进攻的限制较为成功,哈萨克斯坦队有威胁性进攻的指标低于中国队。

三、中国队与哈萨克斯坦队比赛防守行为分析

（一）中国队与哈萨克斯坦队比赛防守行为数据统计

1.各场区防守行为与时段

中国队与哈萨克斯坦队比赛整体防守行为如表 3-14 所示。中国队全场比赛个人防守行为 582 次(无压 51 次),成功 360 次,失误 171 次,成功率为 61.86%;哈萨克斯坦队为 709 次(无压 144 次),成功 373 次,失误 192 次,成功率为 52.61%。中国队全场个人防守次数明显少于哈萨克斯坦队,但成功率要高于对手。

其中,中国队前场个人防守 107 次(无压 20 次),成功 51 次,失误 36 次,成功率为 47.66%;哈萨克斯坦队前场个人防守 78 次(无压 28 次),成功 27 次,失误 23 次,成功率为 34.62%。中国队中场个人防守 350 次(无压 30 次),成功 221 次,失误 99 次,成功率为 63.14%;哈萨克斯坦队中场个人防守 416 次(无压 112 次),成功 205 次,失误 99 次,成功率为 49.28%。中国队后场个人防守 125 次(无压 1 次),成功 88 次,失误 36 次,成功率为 70.40%;哈萨克斯坦队后场个人防守 215 次(无压 4 次),成功 141 次,失误 70 次,成功率为 65.58%。中国队个人防守的成功率要高于哈萨克斯坦队。

中国队小组防守 44 次,成功 25 次,失误 19 次,成功率为 56.82%;哈萨克斯坦队小组防守 64 次,成功 40 次,失误 24 次,成功率为 62.50%。哈萨克斯坦队小组防守的次数多于中国队,成功率高于中国队,且小组压迫、保护和防守队形的保持要好于中国队。

其中,中国队前场小组防守成功 2 次;哈萨克斯坦队前场小组防守成功 4 次,失误 4 次,成功率为 50.00%。中国队中场小组防守成功 9 次,失误 11 次,成功率为 45.00%;哈萨克斯坦队中场小组防守成功 16 次,失误 8 次,成功率为 66.67%。中国队后场小组防守成功 14 次,失误 8 次,成功率为 63.64%;哈萨克斯坦队后场小组防守成功 20 次,失误 12 次,成功率为 62.50%。哈萨克斯坦队中场的小组防守要好于中国队,后场小组防守次数和成功率也还不错。

表 3-14　中国队与哈萨克斯坦队比赛各场区防守行为数据统计

单位:次

场地区域与防守类型			中国队				哈萨克斯坦队			
			上半场		下半场		上半场		下半场	
			成功	失误	成功	失误	成功	失误	成功	失误
前场	左边	个人	5	4	7	2	6	2	5	6
		小组	0	0	0	0	0	0	0	0
	中路	个人	12	8	16	7	2	7	4	4
		小组	0	0	2	0	0	0	4	4
	右边	个人	4	10	7	5	8	3	2	1
		小组	0	0	0	0	0	0	0	0
	无压		12		8		20		8	
中场	左边	个人	45	29	33	18	23	14	37	16
		小组	2	1	3	4	1	2	3	1
	中路	个人	23	14	30	10	27	14	30	15
		小组	0	1	0	0	0	0	2	1
	右边	个人	47	17	43	11	61	24	27	16
		小组	4	0	0	5	6	3	4	1
	无压		25		5		58		54	
后场	左边	个人	18	9	4	2	15	4	22	10
		小组	2	1	1	1	2	2	2	2
	中路	个人	21	9	22	11	42	11	32	27
		小组	5	2	2	4	6	3	7	1
	右边	个人	12	1	11	4	18	10	12	8
		小组	3	0	1	0	1	2	2	2
	无压		0		1		1		3	
合计		个人	187	101	173	70	202	89	171	103
		小组	16	5	9	14	16	12	24	12
		无压	37		14		79		65	

2.防守对方射门与定位球进攻

中国队与哈萨克斯坦队比赛防守射门与定位球数据统计如表 3-15 所示。中国队防守对方运动战禁区内射门 3 次(成功 1 次,失误 2 次,失 1 球),禁区外射门失误 2 次;防守角球 4 次(成功 3 次,失误 1 次);防守后场 30 米任意球进攻 5 次(成功 3 次,失误 2 次)。中国队在运动战的防守中成功率不高,但对定位球的防守比较成功。

哈萨克斯坦队防守对方运动战禁区内射门 4 次(成功 1 次,失误 3 次),禁区外射门 2 次(成功 1 次,失误 1 次);防守角球成功 4 次;防守后场 30 米任意球进攻 9 次(成功 6 次,失误 3 次)。哈萨克斯坦队在禁区内、外的防守成功率不高,但对定位球的防守效果要好于中国队。

表 3-15　中国队与哈萨克斯坦队比赛防守射门与定位球数据统计

单位:次

			运动战		角球		后场 30 米任意球			点球	合计
			禁区内	禁区外	左侧	右侧	左侧	中路	右侧		
中国队	上半场	成功	0	0	1	1	0	0	1	0	3
		失误	1	1	1	0	2	0	0	0	5
		被进球	0	0	0	0	0	0	0	0	0
	下半场	成功	1	0	0	1	1	1	0	0	4
		失误	1	1	0	0	0	0	0	0	2
		被进球	1	0	0	0	0	0	0	0	1
哈萨克斯坦队	上半场	成功	0	0	1	1	1	0	0	0	3
		失误	1	1	0	0	0	0	0	0	2
		被进球	0	0	0	0	0	0	0	0	0
	下半场	成功	1	1	1	1	2	1	2	0	9
		失误	2	0	0	0	1	1	1	0	5
		被进球	0	0	0	0	0	0	0	0	0

(二)中国队与哈萨克斯坦队比赛防守态势变化

中国队与哈萨克斯坦队比赛防守态势变化曲线如图 3-16 所示。中国队本场比赛防守起伏较大,尤其在第 35 分钟、45 分钟以及 60～70 分钟时段,防守较为被动。相反,哈萨克斯坦队除了第 70 分钟以后的一段时间较为被动以外,其他时间段内防守都保持着较高的水平。

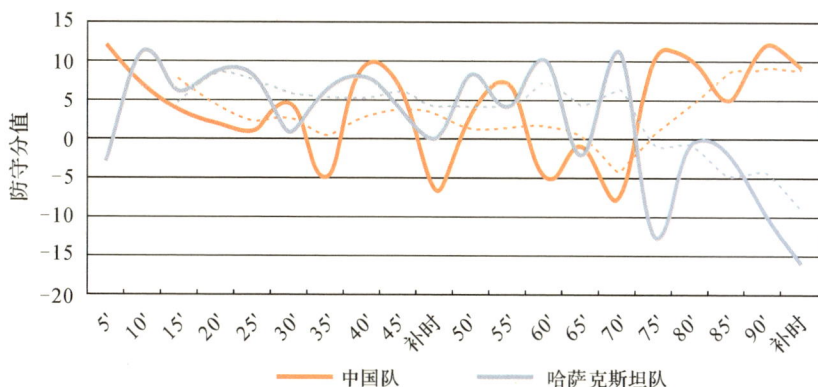

图 3-16　中国队与哈萨克斯坦队比赛防守态势变化曲线

(三)中国队与哈萨克斯坦队比赛防守技术运用

中国队与哈萨克斯坦队比赛防守技术行为统计如表 3-16 所示。中国队在个人主要防守技术行为中,施压成功 211 次,失误 133 次,成功率为 61.34%;无压 51 次;反抢成功 13 次,失误 13 次,成功率为 50.00%;1vs1 成功 18 次,失误 11 次,成功率为 62.07%;抢断成功 32 次,失误 3 次,成功率为 91.43%;争顶成功 18 次,失误 6 次,成功率为 75.00%。

在小组防守中,中国队压迫成功 8 次,失误 12 次,成功率为 40.00%;保护成功 17 次,失误 6 次,成功率为 73.91%。中国队防守中由守转攻 85 次,其中前场 17 次,中场 40 次,后场 28 次。

哈萨克斯坦队在个人主要防守技术行为中,施压成功 239 次,失误 143 次,成功率为 62.57%;无压 144 次;反抢成功 9 次,失误 8 次,成功率为 52.94%;1vs1 成功 14 次,失误 16 次,成功率为 46.67%;抢断成功 45 次,失误 4 次,成功率为 91.84%;争顶成功 12 次,失误 10 次,成功率为 54.55%;解围成功 10 次,失误 5 次,成功率为 66.67%;封堵成功 1 次。

在小组防守中,哈萨克斯坦队压迫成功 14 次,失误 13 次,成功率为 51.85%;保护成功 22 次,失误 6 次,成功率为 78.57%。哈萨克斯坦队防守中由守转攻 80 次,其中前场 7 次,中场 36 次,后场 37 次。

表 3-16　中国队与哈萨克斯坦队比赛防守技术运用情况统计

单位:次

			施压	无压	反抢	1vs1	抢断	拦截	铲球	争顶	解围	封堵	压迫	保护	守转攻	合计
中国队	前场	成功	34	0	6	2	5	4	0	0	0	0	1	1	17	53/17
		失误	29	20	5	1	1	0	0	0	0	0	0	0	0	56
	中场	成功	142	0	6	12	16	30	2	13	0	0	4	5	40	230/40
		失误	80	30	6	5	2	0	3	3	0	0	8	2	0	139
	后场	成功	35	0	1	4	11	16	2	5	10	4	3	11	28	102/28
		失误	24	1	2	5	0	0	0	3	1	1	4	4	0	45
	小计	成功	211	0	13	18	32	50	4	18	10	4	8	17	85	385/85
		失误	133	51	13	11	3	0	3	6	1	1	12	6	0	240
哈萨克斯坦队	前场	成功	22	0	2	0	2	1	0	0	0	0	0	0	7	27/7
		失误	20	28	2	0	0	0	1	0	0	0	0	0	0	51
	中场	成功	147	0	4	7	21	20	2	4	0	0	10	6	36	221/36
		失误	77	112	5	5	3	0	2	7	0	0	7	0	0	218
	后场	成功	70	0	3	7	22	17	3	8	10	1	4	16	37	161/37
		失误	46	4	1	11	1	0	3	3	5	0	6	6	0	86
	小计	成功	239	0	9	14	45	38	5	12	10	1	14	22	80	409/80
		失误	143	144	8	16	4	0	6	10	5	0	13	6	0	355

中国队在防守技术行为运用中,施压次数少于哈萨克斯坦队,成功率也低于哈萨克斯坦队;在丢球后的反抢、1vs1防守能力方面略有优势;两队的抢断的成功率基本相同。在争顶球的指标上,中国队的成功率明显高于对方,占据一定的空中优势。在小组防守中,中国队小组压迫和保护的次数少于哈萨克斯坦队,成功率也低于对方。

(四)中国队与哈萨克斯坦队比赛守门员技术比较

中国队与哈萨克斯坦队比赛守门员技术统计如表3-17所示。中国队守门员(王大雷)处理球共6次。其中,扑接球成功1次;扑必进球3次(成功2次,失误1次,失1球);防传中球成功2次。本场比赛王大雷发挥有起伏,对方的反越位战术导致王大雷在判断上出现了错误,让对方将球顶入空门。

哈萨克斯坦队守门员(罗尼耶)处理球10次,成功6次,失误4次,成功率为60.00%。其中,扑接球5次(成功4次,失误1次);扑必进球失误2次;防传中球2次(成功1次,失误1次);出击抢断成功1次。

表3-17　中国队与哈萨克斯坦队比赛守门员技术统计

单位:次

			扑接球	扑必进球	扑单刀球	防传中球	出击抢断	点球防守	失球	合计
中国队	上半场	成功	1	2	0	1	0	0	0	4
		失误	0	0	0	0	0	0	0	0
	下半场	成功	0	0	0	1	0	0	0	1
		失误	0	1	0	0	0	0	1	1/1
哈萨克斯坦队	上半场	成功	2	0	0	0	0	0	0	2
		失误	0	0	0	0	0	0	0	0
	下半场	成功	2	0	0	1	1	0	0	4
		失误	1	2	0	1	0	0	0	4

(五)中国队失球分析

中国队的失球是在下半场第67分06秒时,中国队后卫解围至中场附近,对方不停球直接将球踢至中国队后卫线,埋伏在禁区附近的哈萨克斯坦队23号球员洛格维年科头球后蹭将球顶向中国队身后空当,此时插上的哈萨克斯坦队13号球员阿扎特在无人防守的情况下,将球顶向中国队的空门,如图3-17所示。

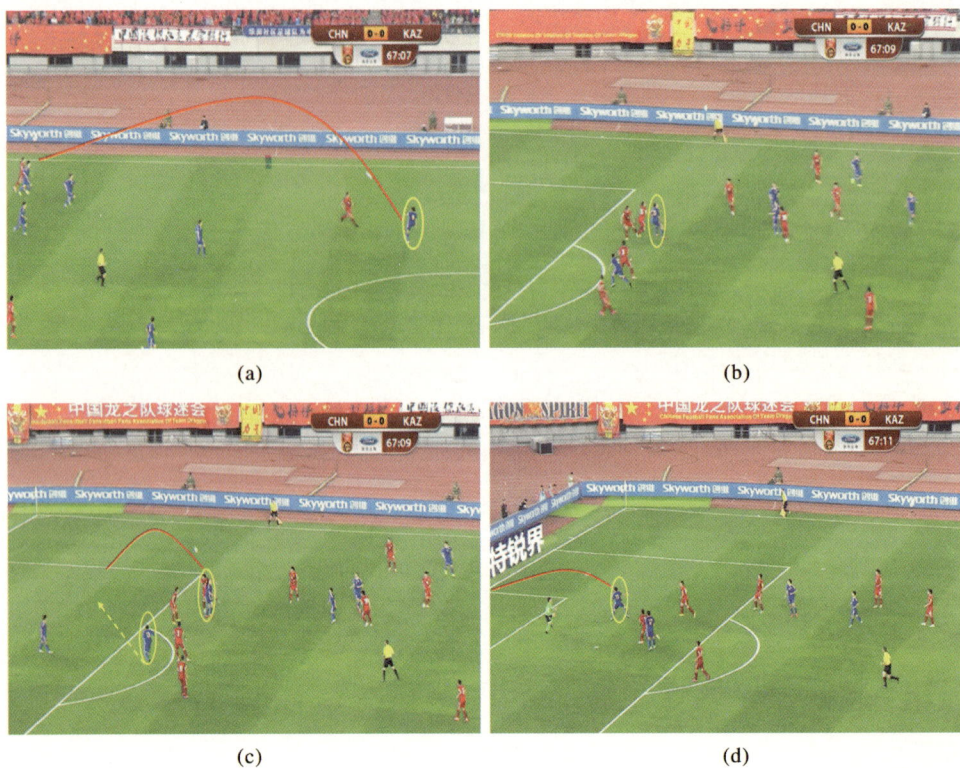

(a)

(b)

(c)

(d)

图 3-17 中国队与哈萨克斯坦队比赛失球

四、中国队与哈萨克斯坦队比赛犯规情况

中国队与哈萨克斯坦队比赛犯规数据统计如表 3-18 所示。中国队上半场犯规 14 次，黄牌 1 次，越位 3 次；下半场犯规 5 次，黄牌 1 次。哈萨克斯坦队上半场犯规 10 次，越位 1 次；下半场犯规 13 次，黄牌 6 次，红牌 1 次。

表 3-18 中国队与哈萨克斯坦队比赛犯规数据统计

单位:次

		犯规	黄牌	红牌	越位
中国队	上半场	14	1	0	3
	下半场	5	1	0	0
哈萨克斯坦队	上半场	10	0	0	1
	下半场	13	6	1	0

第四章 世预赛(12强赛)技术实力分析

2016 年 9 月,2018 年俄罗斯世界杯亚洲区预选赛 12 强赛拉开战幕,中国队位列 A 组,同组的对手有伊朗队、韩国队、乌兹别克斯坦队、卡塔尔队和叙利亚队。B 组的球队有澳大利亚队、日本队、沙特阿拉伯队、阿联酋队、伊拉克队和泰国队。比赛采用小组循环赛,每组的前两名直接进军俄罗斯世界杯,第三名将进行附加赛。

中国队在 2016 年的前 5 轮比赛中,3 负 2 平,积 2 分:第一场客场 2∶3 负于韩国队,第二场主场 0∶0 战平伊朗队,第三场主场 0∶1 负于叙利亚队,第四场客场 0∶2 不敌乌兹别克斯坦队,第五场主场 0∶0 战平卡塔尔队。

第一节 中国队(客场)与韩国队比赛技术实力分析

2016 年 9 月 1 日,中国队首轮客场对阵韩国队,比赛在首尔世界杯球场进行,中国队 2∶3 失利。韩国队孙兴慜在第 20 分 04 秒时前场左路任意球斜传禁区,池东沅门前头球射门,球打在郑智的腿上折射入网;李青龙在第 62 分 22 秒时头球破门;具滋哲在第 65 分 37 秒时再次破门扩大比分。中国队于海在第 75 分 53 秒时扳回一分;蒿俊闵在第 76 分 05 秒时任意球直接破门。

一、中国队与韩国队出场阵容

本场比赛中国队采用 5-4-1 阵型,韩国队采用 4-5-1 阵型(见图 4-1),具体比赛球员名单如表 4-1 所示。

表 4-1 中国队与韩国队首发和替补队员名单

	中国队			韩国队		
首发队员	曾诚	(1)	门将	郑成龙	(1)	门将
	任航	(2)	后卫	张贤秀	(20)	后卫
	李学鹏	(4)	后卫	洪正好	(15)	后卫
	郑智	(10)	后卫	金基熙	(4)	后卫
	冯潇霆	(6)	后卫	吴宰硕	(3)	后卫
	张琳芃	(5)	后卫	孙兴慜	(7)	前卫

续表

	中国队			韩国队		
首发队员	于海	(21)	前卫	奇诚庸	(16)	前卫
	黄博文	(16)	前卫	韩国荣	(14)	前卫
	吴曦	(15)	前卫	具滋哲	(13)	前卫
	孙可	(14)	前卫	李青龙	(17)	前卫
	武磊	(7)	前锋	池东沅	(10)	前锋
替补队员	蒿俊闵(17)46分钟⇆吴曦(15) 赵明剑(13)70分钟⇆张琳芃(5) 郜林(18) 78分钟⇆孙可(14)			黄喜灿(9)78分钟 ⇆具滋哲(13) 李在城(12)83分钟⇆李青龙(17) 郑又荣(8)9分钟 ⇆孙兴慜(7)		

图 4-1　中国队与韩国队比赛阵型

二、中国队与韩国队比赛进攻行为分析

(一)中国队与韩国队比赛进攻行为数据统计

1.各区域进攻行为与时段

中国队与韩国队比赛进攻行为数据统计如表 4-2 所示。中国队全场比赛进攻行为(不包括射门和定位球进攻,下同)253 次,成功率为 60.87%;韩国队为 597 次,成功率为 81.07%。中国队的进攻能力明显弱于韩国队。

其中,中国队前场进攻行为 63 次,成功 44 次,成功率为 69.84%;韩国队为 105 次,成功 74 次,成功率为 70.48%。中国队中场进攻行为 120 次,成功 76 次,成功率为 63.33%;韩国队为 367 次,成功 319 次,成功率为 86.92%。中国队后场进攻行为 70 次,成功 34 次,成功率为 48.57%;韩国队为 125 次,成功 91 次,成功率为 72.80%。该场比赛,中国队在前场、中场和后场的进攻次数少于韩国队,成功率低于韩国队,这表明中国队在进攻方面与韩国队有一定的差距。

中国队上半场进攻行为 118 次,成功 69 次,成功率为 58.47%;韩国队为 351 次,成功 298 次,成功率为 84.90%。中国队下半场进攻行为 135 次,成功 85 次,成功率为 62.96%;韩国队为 246 次,成功 186 次,成功率为 75.61%。中国队上、下半场的进攻次数均少于韩国队,且成功率也较低。

表 4-2 中国队与韩国队比赛各场区进攻行为统计

单位:次

			前场			中场			后场			合计
			左边	中路	右边	左边	中路	右边	左边	中路	右边	
中国队	上半场	成功	9	6	3	6	10	15	2	15	3	69
		失误	5	2	2	11	9	6	2	11	1	49
	下半场	成功	3	7	16	4	22	19	1	11	2	85
		失误	1	3	6	3	6	9	0	14	8	50
韩国队	上半场	成功	13	6	17	85	70	62	2	35	8	298
		失误	5	6	6	8	5	10	2	7	4	53
	下半场	成功	15	16	7	29	34	39	8	26	12	186
		失误	5	8	1	14	9	2	4	13	4	60

2.射门与定位球进攻

中国队与韩国队比赛射门与定位球进攻情况如表 4-3 所示。中国队运动战禁区内射门 7 次(射正 3 次,进 1 球),禁区外射门失误 2 次;左侧角球 2 次(失误 2 次),右侧 3 次(失误 2 次,射门 1 次);前场 30 米任意球进攻 5 次(失误 3 次,射门 2 次,进 1 球)。全场比赛射正率为 33.33%,进球率为 16.67%。

韩国队全场比赛共射门 13 次,其中,运动战禁区内射门 6 次(射正 4 次,进 2 球),禁区外射门 5 次(射正 1 次);右侧角球失误 1 次;前场 30 米任意球进攻 8 次(失误 6 次,射门 2 次,进 1 球)。全场比赛射正率为 45.45%,进球率为 23.08%。

表 4-3　中国队与韩国队比赛射门与定位球进攻数据统计

单位:次

		运动战		角球		前场 30 米任意球			点球	合计
		禁区内	禁区外	左侧	右侧	左侧	中路	右侧		
中国队	上半场 失误	0	0	1	2	1	0	0	0	4
	射门	3	2	0	0	0	0	0	0	5
	射正	0	0	0	0	0	0	0	0	0
	进球	0	0	0	0	0	0	0	0	0
	下半场 失误	0	0	1	0	0	2	0	0	3
	射门	4	0	0	1	2	0	0	0	4/3
	射正	3	0	0	0	0	0	0	0	3
	进球	1	0	0	0	1	0	0	0	1/1
韩国队	上半场 失误	0	0	0	1	1	1	2	0	5
	射门	0	3	0	0	1	0	0	0	3/1
	射正	0	0	0	0	0	0	0	0	0
	进球	0	0	0	0	1	0	0	0	1
	下半场 失误	0	0	0	0	2	0	0	0	2
	射门	6	2	0	0	0	1	0	0	8/1
	射正	4	1	0	0	0	0	0	0	5
	进球	2	0	0	0	0	0	0	0	2

(二)中国队与韩国队比赛进攻态势变化

中国队与韩国队比赛进攻态势变化曲线如图 4-2 所示。中国队在整场比赛中,其进攻态势始终都要弱于韩国队,尤其是在上半场第 35 分钟以后,韩国队的进攻值远大于中国队,韩国队在该阶段打入一球。此后,中国队的进攻有所回升,韩国队在第 55 分钟至 70 分钟期间的进攻占据了较大的优势,并两次破门得分。此后,中国队明显加强了进攻,并攻入 2 球。

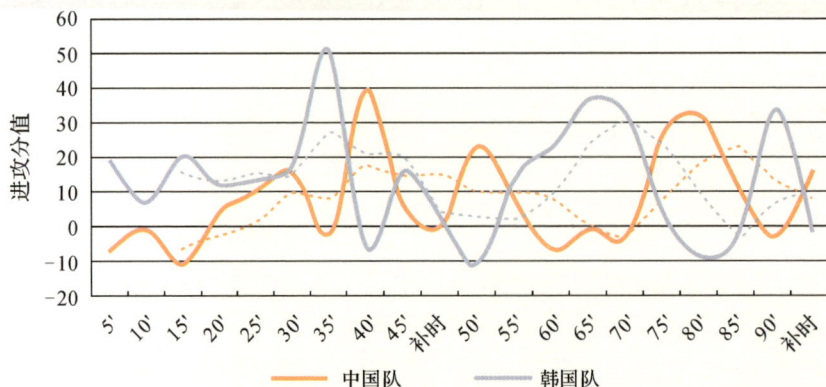

图 4-2　中国队与韩国队比赛进攻态势变化曲线

(三)中国队与韩国队比赛进攻技术行为运用

1. 比赛进攻技术行为运用情况

中国队与韩国队比赛进攻技术行为统计如表 4-4 所示。在中国队主要进攻性技术行为中,短直传成功 34 次,失误 25 次,成功率为 57.63%;边路传中成功 2 次,失误 7 次,成功率为 22.22%;个人突破成功 6 次,失误 5 次,成功率为 54.55%;直传身后成功 2 次,失误 2 次,成功率为 50.00%;斜传身后成功 3 次,失误 7 次,成功率为 30.00%;中直传成功 14 次,失误 18 次,成功率为 43.75%;斜传边路成功 10 次,失误 7 次,成功率为 58.82%。中国队在本场比赛的短直传的运用次数较少,成功率较低,而中直传和斜传边路运用的较多,主要原因是韩国队限制住了中国队短直传向前推进。

在中国队过渡性技术使用中,横传球成功 34 次,失误 10 次,成功率为 77.27%;回传球成功 37 次,失误 2 次,成功率为 94.87%。中国队进攻中由攻转守 85 次,其中前场 25 次,中场 53 次,后场 7 次。韩国队在中场的防守比较硬朗,中国队中场由攻转守的次数要多于对手。

在韩国队主要进攻性技术行为中,短直传成功 103 次,失误 20 次,成功率为 83.74%;长直传成功 3 次,失误 7 次,成功率为 30.00%;中直传成功 25 次,失误 20 次,成功率为 55.56%;斜传边路成功 34 次,失误 5 次,成功率为 87.18%;长传反击成功 1 次;球门球成功 3 次,失误 3 次,成功率为 50.00%。韩国队的短直传、中直传、斜传边路取得了较好的效果,运用次数多于中国队,成功率也高于中国队。

在韩国队过渡性技术使用中,横传球成功 192 次,失误 16 次,成功率为 92.31%;回传球成功 101 次,失误 3 次,成功率为 97.12%。韩国队进攻中由攻转守 89 次,其中前场 35 次,中场 42 次,后场 12 次。

表 4-4 中国队与韩国队进攻技术行为统计

单位:次

			短直传	边路传中	回头球	边路斜传	斜传分边	个人突破	直传身后	中路传切	斜传身后	长传转移	横传转移	长直传	中直传	斜传边路	带球反击	长传反击	斜传转移	球门球	横传球	回传球	攻转守	合计
中国队	前场	成功	7	2	0	1	2	5	2	0	1	0	0	0	0	0	0	0	0	0	12	12	25	44/25
		失误	4	7	0	1	0	4	0	1	0	0	0	0	0	0	0	0	0	1	0	0		19
	中场	成功	20	0	0	0	0	1	0	0	2	1	0	3	11	3	0	0	0	0	15	20	53	76/53
		失误	15	0	0	0	0	1	1	0	6	1	0	2	9	0	0	0	0	0	8	1	0	44/0
	后场	成功	7	0	0	0	0	0	0	0	0	0	0	0	3	0	0	1	4	7	5	5	7	34/7
		失误	6	0	0	0	0	0	0	0	0	0	0	8	9	7	0	2	2	1	1	0	0	36/0
	小计	成功	34	2	0	1	2	6	2	0	3	1	0	3	14	10	0	0	1	4	34	37	85	154/85
		失误	25	7	0	1	0	5	2	0	7	1	0	10	18	7	0	0	2	2	10	2	0	99/0

续表

			短直传	边路传中	回头球	边路斜传	斜传分边	个人突破	直传身后	中路传切	斜传身后	长传转移	横传转移	长直传	中直传	斜传边路	带球反击	长传反击	斜传转移	球门球	横传球	回传球	攻转守	合计
韩国队	前场	成功	18	2	0	0	4	9	2	1	0	0	0	0	1	0	0	0	0	0	18	19	35	74/35
		失误	2	7	0	1	1	10	0	0	4	0	0	0	0	0	0	0	0	0	5	1	0	31/0
	中场	成功	68	0	0	0	0	0	1	0	0	2	1	2	18	15	0	0	0	0	146	66	42	319/42
		失误	9	0	0	0	0	9	4	0	2	0	1	2	11	1	0	0	0	0	7	2	0	48/0
	后场	成功	17	0	0	0	0	0	0	0	0	0	0	1	6	19	0	1	0	3	28	16	12	91/12
		失误	9	0	0	0	0	0	0	0	0	0	0	5	9	4	0	0	0	3	4	0	0	34/0
	小计	成功	103	2	0	0	4	9	3	1	0	2	1	3	25	34	0	1	0	3	192	101	89	484/89
		失误	20	7	0	1	1	19	4	0	6	0	1	7	20	5	0	0	0	3	16	3	0	113/0

2.威胁性进攻技术行为分析

中国队对韩国队比赛威胁性进攻技术运用情况如图 4-3 所示。在前场有威胁的进攻中,个人突破成功 5 次,失误 4 次,成功率为 55.56%;边路传中成功 2 次,失误 7 次,成功率为 22.22%;边路斜传成功 1 次,失误 1 次,成功率为 50.00%;直传身后成功 2 次,失误 1 次,成功率为 66.67%。在中场,个人突破成功 1 次,失误 1 次,成功率为 50.00%;斜传身后成功 2 次,失误 6 次,成功率为 25.00%;直传身后失误 1 次。

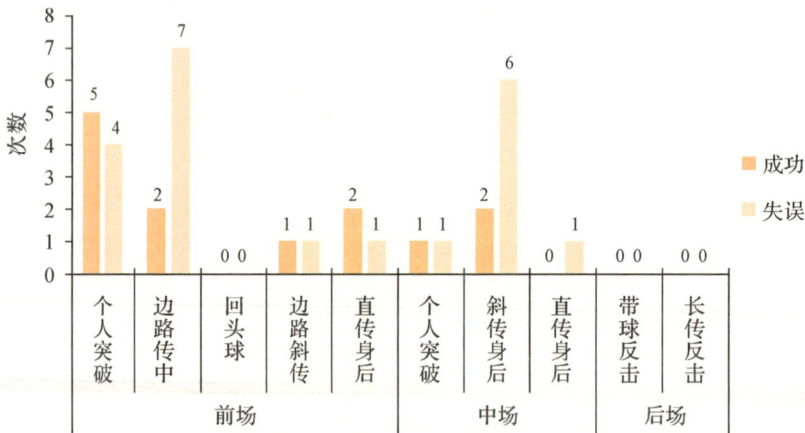

图 4-3　中国队对韩国队比赛威胁性进攻技术运用情况

韩国队对中国队比赛威胁性进攻技术运用情况如图 4-4 所示。在前场有威胁的进攻中,个人突破成功 9 次,失误 10 次,成功率为 47.37%;边路传中成功 2 次,失误 7 次,成功率为 22.22%;边路斜传失误 1 次;直传身后成功 2 次。在中场,个人突破失误 9 次;斜传身后成功 2 次;直传身后成功 1 次,失误 4 次,成功率为 20.00%。在后场,长传反击成功 1 次。

中国队威胁性进攻技术运用中,个人突破成功率稍高于韩国队,但是边路传中运用的次数少于韩国队,而韩国队两次通过传中射门,把握机会的能力强于中国队。

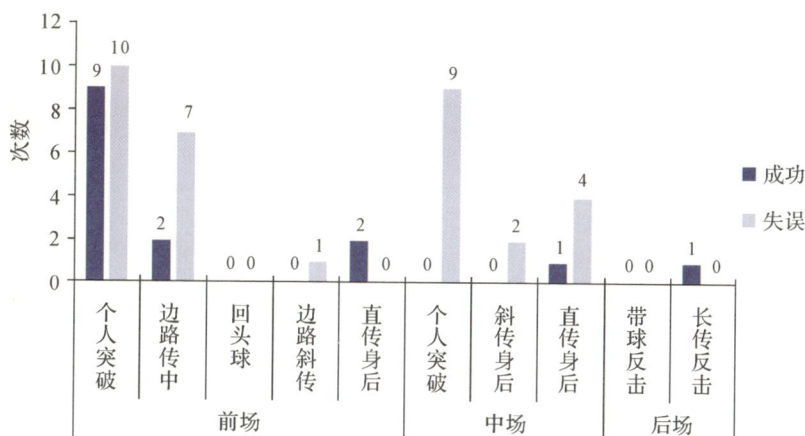

图 4-4　韩国队对中国队比赛威胁性进攻技术运用情况

(四)中国队进球分析

中国队本场比赛 2∶3 负于韩国队。中国队的第一个进球是在下半场第 73 分 53 秒时，蒿俊闵在对方大禁区前沿得球，斜传至对方禁区内，韩国队球员顶球后，被于海截获后射门得分，如图 4-5 所示。

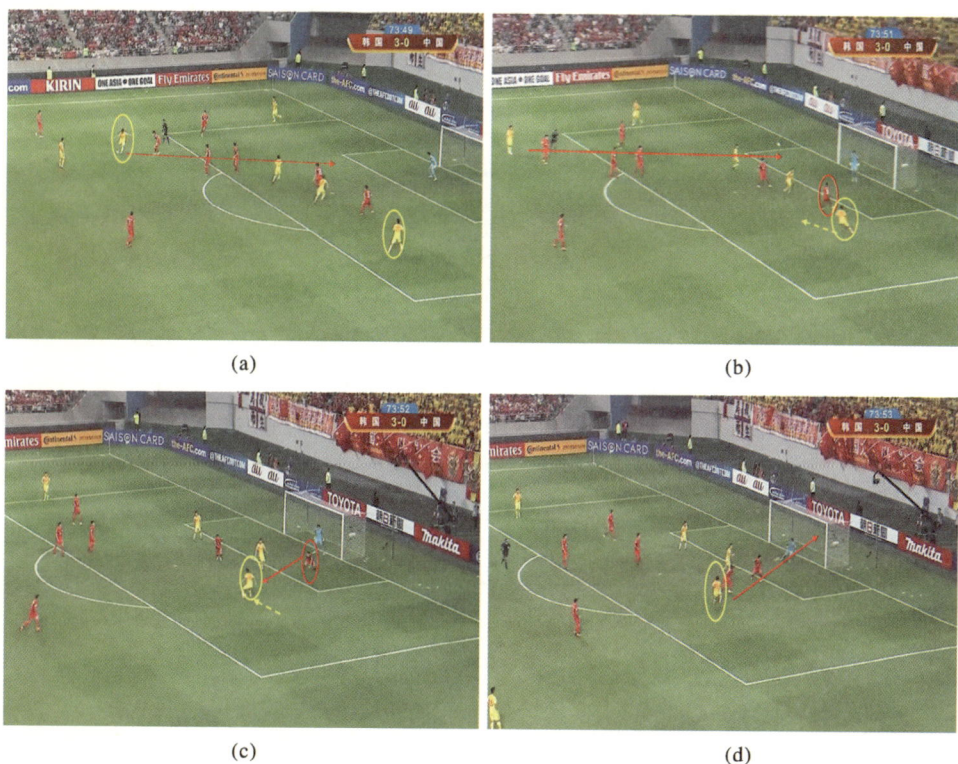

图 4-5 中国队与韩国队比赛第一个进球

　　中国队的第二个进球是在下半场第 76 分 05 秒时,中国队在韩国队禁区前沿获得任意球的机会,蒿俊闵主罚任意球并将球攻入对方球门死角,如图 4-6 所示。

(a)　　　　　　　　　　　　　　　　　　(b)

图 4-6　中国队与韩国队比赛第二个进球

三、中国队与韩国队比赛防守行为分析

(一)中国队与韩国队比赛防守行为数据统计

1.各场区防守行为与时段

　　中国队与韩国队比赛整体防守行为如表 4-5 所示。中国队全场比赛个人防守行为 805 次(无压 133 次),成功 451 次,失误 221 次,成功率为 56.02%;韩国队为 432 次(无压 12 次),成功 253 次,失误 167 次,成功率为 58.56%。中国队全场个人防守次数明显多于韩国队,但成功率要低于对手。

　　其中,中国队前场个人防守 115 次(无压 35 次),成功 48 次,失误 32 次,成功率为 41.74%;韩国队前场个人防守 57 次(无压 5 次),成功 25 次,失误 27 次,成功率为 43.86%。中国队中场个人防守 439 次(无压 94 次),成功 243 次,失误 102 次,成功率为 55.35%;韩国队中场个人防守 198 次(无压 6 次),成功 112 次,失误 80 次,成功率为 56.57%。中国队后场个人防守 251 次(无压 4 次),成功 160 次,失误 87 次,成功率为 63.75%;韩国队后场个人防守 177 次(无压 1 次),成功 116 次,失误 60 次,成功率为 65.54%。中国队在前、中、后场防守的次数多于韩国队,主要原因是韩国队控制着本场比赛进攻的主导。

　　中国队小组防守 81 次,成功 52 次,失误 29 次,成功率为 64.20%;韩国队小组防守 66 次,成功 39 次,失误 27 次,成功率为 59.09%。

　　其中,中国队前场小组防守成功 3 次,失误 1 次,成功率为 75.00%;韩国队前场小组防守成功 9 次,失误 14 次,成功率为 39.13%。中国队中场小组防守成功 18 次,失误 14 次,成功率为 56.25%;韩国队中场小组防守成功 10 次,失误 5 次,成功率为 66.67%。中国队后场小组防守成功 31 次,失误 14 次,成功率为 68.89%;韩国队后场小组防守成功 20 次,失误 8 次,成功率为 71.43%。在前场的防守中,中国队单兵作战比较多,而韩国队主要是小组防守,因此其小组防守的次数多于中国队。

表 4-5　中国队与韩国队比赛各场区防守行为数据统计

单位:次

场地区域与防守类型			中国队				韩国队			
			上半场		下半场		上半场		下半场	
			成功	失误	成功	失误	成功	失误	成功	失误
前场	左边	个人	6	6	7	6	1	3	6	3
		小组	1	0	0	0	0	0	0	0
	中路	个人	12	9	13	7	7	4	9	13
		小组	0	0	0	1	0	0	9	13
	右边	个人	1	1	9	3	2	4	0	0
		小组	0	0	2	0	0	1	0	0
	无压		22		13		3		2	
中场	左边	个人	61	16	37	13	19	9	39	20
		小组	7	2	0	5	1	1	3	4
	中路	个人	25	13	23	11	13	12	16	27
		小组	1	0	2	1	2	0	2	0
	右边	个人	57	25	40	24	11	10	14	2
		小组	4	3	4	3	1	0	1	0
	无压		65		29		0		6	
后场	左边	个人	27	12	9	8	5	6	29	13
		小组	5	3	2	0	1	0	5	0
	中路	个人	39	13	48	28	38	8	26	22
		小组	8	2	13	4	7	0	3	3
	右边	个人	19	12	18	14	14	8	4	3
		小组	1	1	2	4	1	5	3	0
	无压		4		0		0		1	
合计		个人	247	107	204	114	110	64	143	103
		小组	27	11	25	18	13	7	26	20
		无压	91		42		3		9	

2.防守对方射门与定位球进攻

中国队与韩国队比赛防守射门与定位球数据统计如表 4-6 所示。中国队防守对方运动战禁区内射门 7 次(失误 7 次,被进 2 球),禁区外射门失误 4 次;防守左侧角球成功 1 次;防守后场 30 米任意球进攻 8 次(成功 7 次,失误 1 次,被进 1 球)。

韩国队防守对方运动战禁区内射门 9 次(成功 2 次,失误 7 次,被进 1 球),禁区外射门 3

次（成功 2 次，失误 1 次）；防守角球 5 次（成功 4 次，失误 1 次）；防守后场 30 米任意球进攻 3 次（成功 1 次，失误 2 次，被进 1 球）。

中国队在运动战的防守中失误率太高，并被对方攻入 2 球。在定位球的防守中，中国队与韩国队的防守效果基本相同，都被对方攻入 1 球。

表 4-6　中国队与韩国队比赛防守射门与定位球数据统计

单位：次

			运动战		角球		后场 30 米任意球			点球	合计
			禁区内	禁区外	左侧	右侧	左侧	中路	右侧		
中国队	上半场	成功	0	0	1	0	2	1	1	0	5
		失误	2	2	0	0	0	0	1	0	5
		被进球	0	0	0	0	0	0	1	0	1
	下半场	成功	0	0	0	0	1	0	2	0	3
		失误	5	2	0	0	0	0	0	0	7
		被进球	2	0	0	0	0	0	0	0	2
韩国队	上半场	成功	2	2	2	1	0	0	1	0	8
		失误	2	0	0	0	0	0	0	0	2
		被进球	0	0	0	0	0	0	0	0	0
	下半场	成功	0	0	0	1	0	0	0	0	1
		失误	5	1	1	0	1	1	0	0	9
		被进球	1	0	0	0	0	1	0	0	2

（二）中国队与韩国队比赛防守态势变化

中国队与韩国队比赛防守态势变化曲线如图 4-7 所示。中国队在本场比赛前 25 分钟，以及第 60 至 70 分钟两个阶段防守有较大的漏洞，中国队在这两个阶段被对方攻入 3 球。韩国队的防守也有较大的波动，在第 40 分钟、第 50 分钟和第 80 分钟前后的时段防守出现了较大问题（被打入 2 球）。

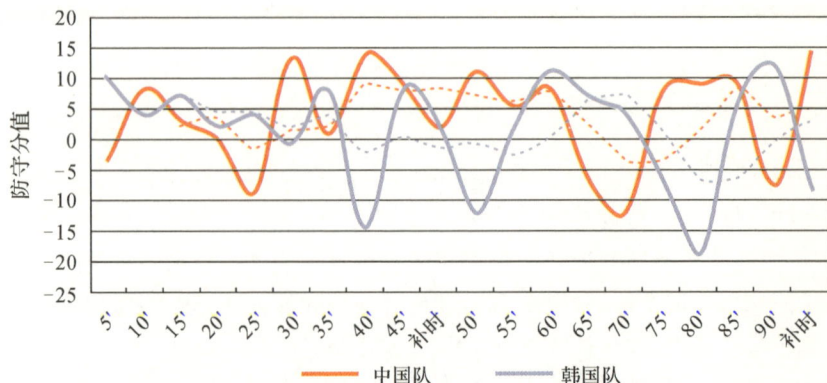

图 4-7　中国队与韩国队比赛防守态势变化曲线

（三）中国队与韩国队比赛防守技术运用

中国队与韩国队比赛防守技术行为统计如表4-7所示。在中国队个人主要防守技术行为中，施压成功287次，失误167次，成功率为63.22%；无压133次；反抢成功8次，失误7次，成功率为53.33%；1vs1成功30次，失误18次，成功率为62.50%；抢断成功33次，失误4次，成功率为89.19%；争顶成功14次，失误15次，成功率为48.28%。

在小组防守中，中国队压迫成功21次，失误16次，成功率为56.76%；保护成功31次，失误9次，成功率为77.50%。中国队防守中由守转攻81次，其中前场9次，中场40次，后场32次。

在韩国队个人主要防守技术行为中，施压成功105次，失误100次，成功率为51.22%；无压12次；反抢成功8次，失误14次，成功率为36.36%；1vs1成功14次，失误13次，成功率为51.85%；抢断成功26次，失误5次，成功率为83.87%；争顶成功24次，失误26次，成功率为48.00%；解围成功13次，失误2次，成功率为86.67%；封堵成功3次，失误5次，成功率为37.50%。

在小组防守中，韩国队压迫成功8次，失误8次，成功率为50.00%；保护成功22次，失误4次，成功率为84.62%。韩国队防守中由守转攻77次，其中前场8次，中场39次，后场30次。

表4-7　中国队与韩国队比赛防守技术运用情况统计

单位：次

			施压	无压	反抢	1vs1	抢断	拦截	铲球	争顶	解围	封堵	压迫	保护	守转攻	合计
中国队	前场	成功	33	0	3	2	5	5	0	0	0	0	1	2	9	51/9
		失误	27	35	3	1	1	0	0	0	0	0	1	0	0	68
	中场	成功	177	0	5	17	16	22	2	4	0	0	12	6	40	261/40
		失误	82	94	1	6	3	0	0	10	0	0	8	2	0	206
	后场	成功	77	0	0	11	12	31	0	10	17	2	8	23	32	191/32
		失误	58	4	3	11	0	0	1	5	4	5	7	7	0	105
	小计	成功	287	0	8	30	33	58	2	14	17	2	21	31	81	503/81
		失误	167	133	7	18	4	0	1	15	4	5	16	9	0	379
韩国队	前场	成功	12	0	3	1	4	5	0	0	0	0	0	0	8	25/8
		失误	20	5	7	0	0	0	0	0	0	0	1	0	0	33
	中场	成功	49	0	4	5	14	31	1	8	0	0	3	7	39	122/39
		失误	46	6	0	5	0	0	0	16	0	0	2	1	0	89
	后场	成功	44	0	1	8	8	22	1	16	13	3	5	15	30	136/30
		失误	34	1	1	7	0	0	1	10	2	5	5	3	0	69
	小计	成功	105	0	8	14	26	58	2	24	13	3	8	22	77	283/77
		失误	100	12	14	13	5	0	2	26	2	5	8	4	0	191

（四）中国队与韩国队比赛守门员技术比较

中国队与韩国队比赛守门员技术统计如表4-8所示。中国队守门员（曾诚）处理球共10次（成功7次，失误3次，失3球）。其中，扑接球成功3次；扑必进球4次（成功1次，失误3

次,失 3 球);防传中球成功 3 次。

　　韩国队守门员(郑成龙)处理球 5 次(成功 3 次,失误 2 次,失 2 球),成功率为 60.00%。其中,扑接球成功 2 次;扑必进球 3 次(成功 1 次,失误 2 次,失 2 球)。

表 4-8　中国队与韩国队比赛守门员技术统计

单位:次

			扑接球	扑必进球	扑单刀球	防传中球	出击抢断	点球防守	失球	合计
中国队	上半场	成功	1	0	0	3	0	0	0	4
		失误	0	1	0	0	0	0	1	1/1
	下半场	成功	2	1	0	0	0	0	0	3
		失误	0	2	0	0	0	0	2	2/2
韩国队	上半场	成功	0	0	0	0	0	0	0	0
		失误	0	0	0	0	0	0	0	0
	下半场	成功	2	1	0	0	0	0	0	3
		失误	0	2	0	0	0	0	2	2/2

(五)中国队失球分析

　　中国队本场比赛的第一个失球是在上半场第 20 分 04 秒时,韩国队 7 号球员孙兴慜在前场左路直塞身后球打穿中国队防线,中国队张琳芃被迫犯规,被判罚任意球。韩国队 7 号球员孙兴慜将球发出,10 号球员池东沅蹭球改变方向,被中国队郑智乌龙碰进球门,如图 4-8 所示。

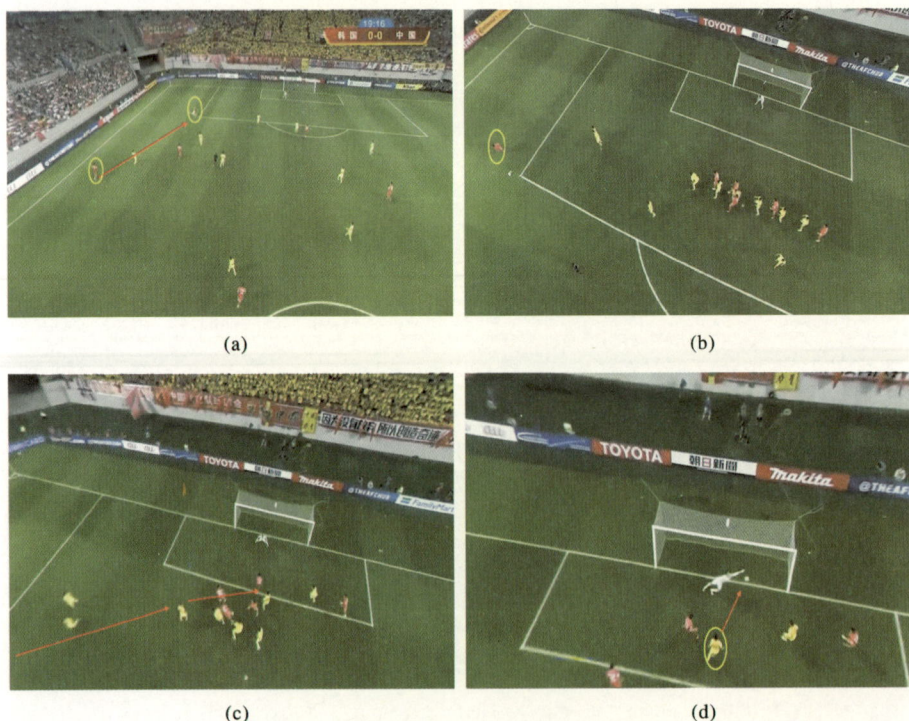

(a)

(b)

(c)

(d)

图 4-8　中国队与韩国队比赛第一个失球

中国队的第二个失球是在下半场第 62 分 22 秒时,韩国队 10 号球员池东沅左路传中,将球传至后点,此时中国队防守漏人,韩国队 17 号球员李青龙在没有干扰的情况下,将球顶入中国队的球门,如图 4-9 所示。

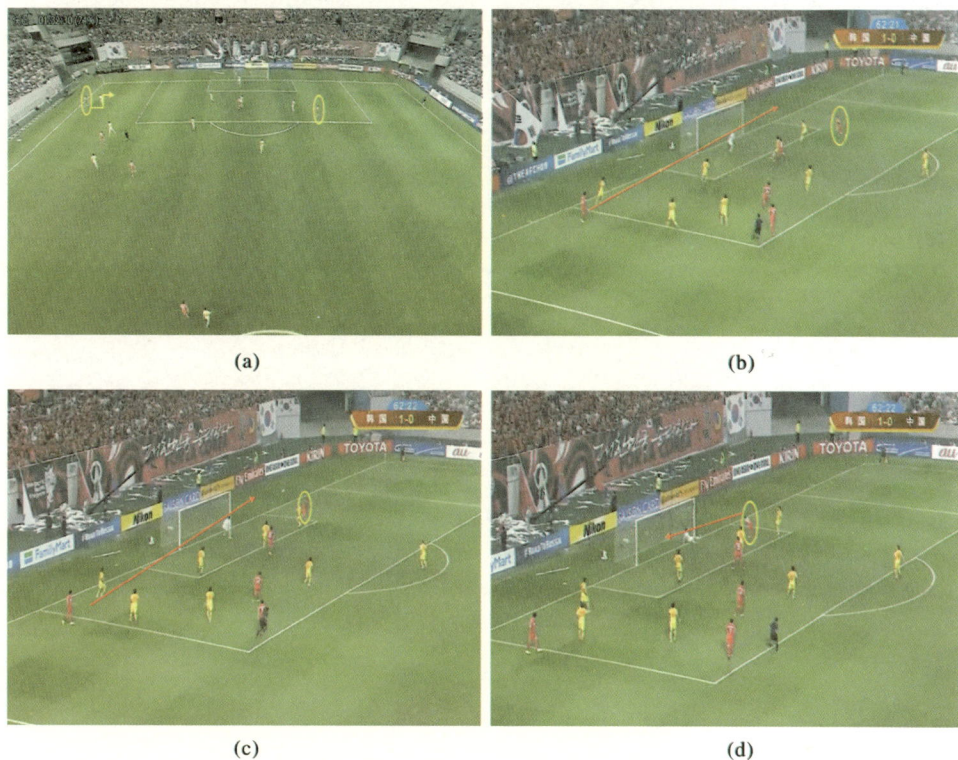

图 4-9 中国队与韩国队比赛第二个失球

中国队的第三个失球是在下半场第 65 分 37 秒时,韩国队 7 号球员孙兴慜左路突破后传中,将球传至前点,此时韩国队 10 号球员池东沅在前点将球蹭向后点,中国队后点防守又出现了漏人的情况,韩国队 13 号球员具滋哲抢在中国队防守队员身前,将球踢入中国队球门,如图 4-10 所示。

四、中国队与韩国队比赛犯规情况

中国队与韩国队比赛犯规数据统计如表 4-9 所示。中国队上半场犯规 7 次,黄牌 2 次,越位 1 次;下半场犯规 6 次,越位 1 次。韩国队上半场犯规 8 次,越位 2 次;下半场犯规 12 次,黄牌 2 次,越位 1 次。韩国队在本场比赛中逼抢比较凶狠,犯规的次数高于中国队。

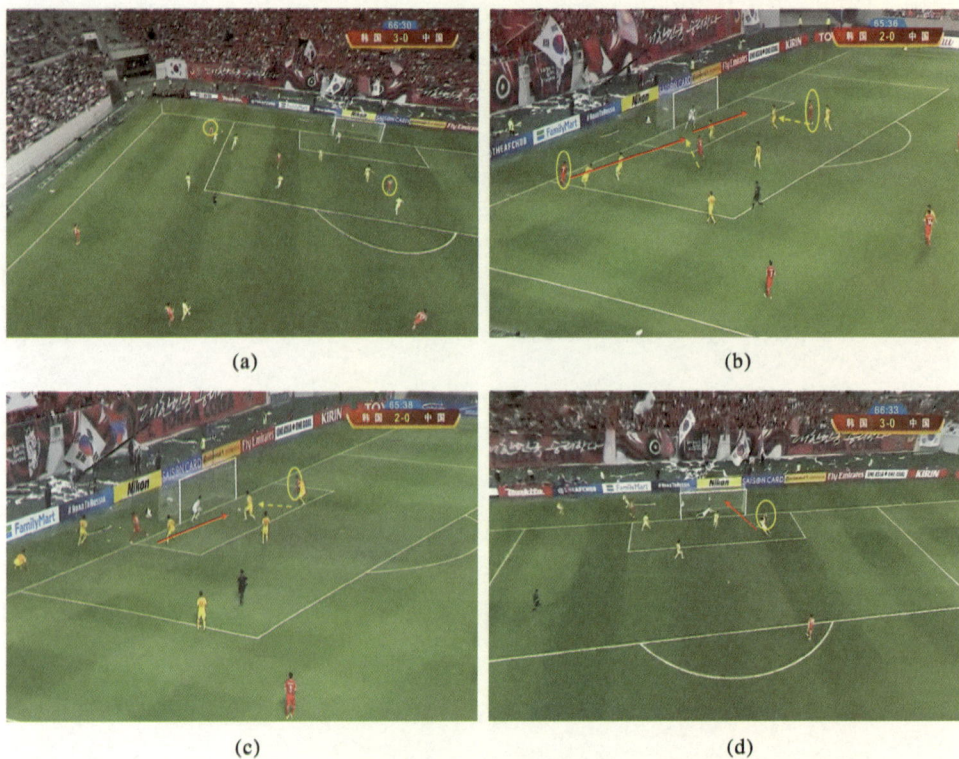

图 4-10　中国队与韩国队比赛第三个失球

表 4-9　中国队与韩国队比赛犯规数据统计

单位:次

		犯规	黄牌	红牌	越位
中国队	上半场	7	2	0	1
	下半场	6	0	0	1
韩国队	上半场	8	0	0	2
	下半场	12	2	0	1

第二节　中国队(主场)与伊朗队比赛技术实力分析

2016 年 9 月 6 日,2018 年俄罗斯世界杯亚洲区预选赛 12 强赛 A 组第 2 轮的比赛,中国队在沈阳奥体中心主场对阵伊朗队,比赛结果为 0∶0。

一、中国队与伊朗队出场阵容

本场比赛中国队采用 5-3-2 阵型,伊朗队采用 4-5-1 阵型(见图 4-11),具体比赛球员名单如表 4-10 所示。

表 4-10 中国队与伊朗队首发和替补队员名单

	中国队			伊朗队		
首发队员	曾诚	(1)	门将	贝兰万德	(12)	门将
	李学鹏	(4)	后卫	普拉利甘吉	(8)	后卫
	任航	(2)	后卫	穆罕迈迪	(5)	后卫
	冯潇霆	(6)	后卫	蒙塔泽里	(15)	后卫
	张琳芃	(5)	后卫	雷扎扬	(23)	后卫
	赵明剑	(13)	后卫	阿米里	(11)	前卫
	于海	(21)	前卫	肖杰伊	(7)	前卫
	蒿俊闵	(11)	前卫	埃萨托拉希	(6)	前卫
	黄博文	(16)	前卫	泰莫里安	(14)	前卫
	武磊	(7)	前锋	贾汉巴赫什	(18)	前卫
	张玉宁	(9)	前锋	阿兹穆恩	(20)	前锋
替补队员	顾超(12)22分钟 ⇆ 曾诚(1)			侯赛因(4)23分钟 ⇆ 蒙塔泽里(15)		
	张稀哲(20)55分钟 ⇆ 黄博文(16)			托拉比(19)73分钟 ⇆ 阿米里(11)		
	孙可(14)79分钟 ⇆ 张玉宁(9)			古钱内贾德(16)76分钟 ⇆ 肖杰伊(7)		

图 4-11 中国队与伊朗队比赛阵容

二、中国队与伊朗队比赛进攻行为分析

(一)中国队与伊朗队比赛进攻行为数据统计

1.各区域进攻行为与时段

中国队与伊朗队比赛进攻行为数据统计如表 4-11 所示。中国队全场比赛进攻行为(不包括射门和定位球进攻,下同)454 次,成功率为 67.84%;伊朗队为 469 次,成功率为 70.79%。中国队的进攻行为的次数略少于伊朗队,成功率也略低于对手。

其中,中国队前场进攻行为 45 次,成功 28 次,成功率为 62.22%;伊朗队为 115 次,成功 60 次,成功率为 52.17%。中国队中场进攻行为 259 次,成功 189 次,成功率为 72.97%;伊朗队为 259 次,成功 206 次,成功率为 79.54%。中国队后场进攻行为 150 次,成功 91 次,成功率为 60.67%;伊朗队为 95 次,成功 66 次,成功率为 69.47%。中国队前场进攻行为次数要明显少于伊朗队,但在后场的进攻行为次数要多于伊朗队。

中国队上半场进攻行为 201 次,成功 136 次,成功率为 67.66%;伊朗队为 209 次,成功 143 次,成功率为 68.42%。中国队下半场进攻行为 253 次,成功 172 次,成功率为 67.98%;伊朗队为 260 次,成功 189 次,成功率为 72.69%。

表 4-11　中国队与伊朗队比赛各场区进攻行为统计

单位:次

			前场			中场			后场			合计
			左边	中路	右边	左边	中路	右边	左边	中路	右边	
中国队	上半场	成功	2	3	4	28	27	31	6	31	4	136
		失误	3	0	4	5	11	11	5	17	9	65
	下半场	成功	1	13	5	30	48	25	7	34	9	172
		失误	2	4	4	14	13	16	4	20	4	81
伊朗队	上半场	成功	5	8	13	39	23	30	3	20	2	143
		失误	5	12	9	9	10	7	4	10	0	66
	下半场	成功	13	14	7	38	32	44	8	27	6	189
		失误	9	8	12	7	8	12	5	7	3	71

2.射门与定位球进攻

中国队与伊朗队比赛射门与定位球进攻情况如表 4-12 所示。中国队运动战禁区内射门失误 1 次,禁区外射门失误 3 次;左侧角球失误 2 次,右侧角球失误 2 次;前场 30 米任意球进攻失误 3 次。中国队本场比赛虽然也有 4 次射门、4 次角球和 3 次前场 30 米任意球进攻,但均失误了。

伊朗队全场比赛共射门 20 次,其中,运动战禁区内射门 10 次(失误 9 次,射正 1 次),禁区外射门 7 次(失误 4 次,射正 3 次);左侧角球失误 2 次,射门 1 次;右侧角球失误 1 次,射门 2 次;前场 30 米任意球射门失误 2 次。全场比赛射正率为 23.53%。伊朗队全场比赛创造出来的射门机会次数多于中国队,射正率高于中国队。

表 4-12　中国队与伊朗队比赛射门与定位球进攻数据统计

单位：次

		运动战		角球		前场 30 米任意球			点球	合计
		禁区内	禁区外	左侧	右侧	左侧	中路	右侧		
中国队	上半场 失误	0	0	1	1	0	0	2	0	4
	射门	0	2	0	0	0	0	0	0	2
	射正	0	0	0	0	0	0	0	0	0
	进球	0	0	0	0	0	0	0	0	0
	下半场 失误	0	0	1	1	1	0	0	0	3
	射门	1	1	0	0	0	0	0	0	2
	射正	0	0	0	0	0	0	0	0	0
	进球	0	0	0	0	0	0	0	0	0
伊朗队	上半场 失误	0	0	0	0	0	1	1	0	2
	射门	4	3	0	1	0	0	0	0	7/1
	射正	0	0	0	0	0	0	0	0	0
	进球	0	0	0	0	0	0	0	0	0
	下半场 失误	0	0	2	1	0	0	0	0	3
	射门	6	4	1	1	0	0	0	0	10/2
	射正	1	3	0	0	0	0	0	0	4
	进球	0	0	0	0	0	0	0	0	0

（二）中国队与伊朗队比赛进攻态势变化

中国队与伊朗队比赛进攻态势变化曲线如图 4-12 所示。在整场比赛中，中国队的进攻一直处于下风，只有在第 20 分钟、第 55 分钟和第 75 分钟左右的时段中进攻稍有起色。而伊朗队的进攻则自始至终占据着较大的优势。这说明中国队的进攻实力与伊朗队还有较大的差距。

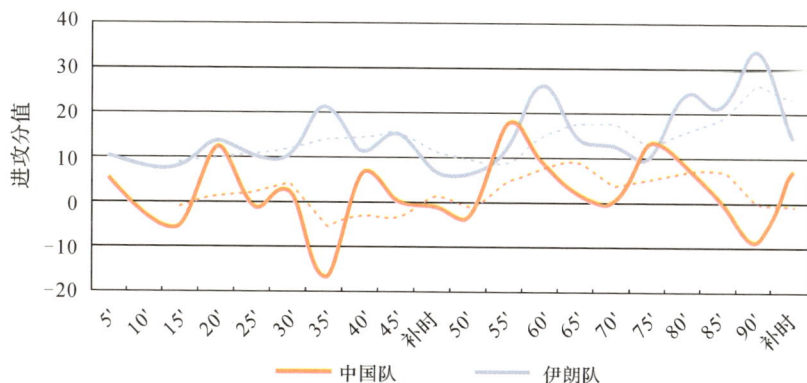

图 4-12　中国队与伊朗队比赛进攻态势变化曲线

(三)中国队与伊朗队比赛进攻技术行为运用

1.比赛进攻技术行为运用情况

中国队与伊朗队比赛进攻技术行为统计如表 4-13 所示。在中国队主要进攻性技术行为中,短直传成功 69 次,失误 31 次,成功率为 69.00%;边路传中失误 1 次;个人突破成功 5 次,失误 17 次,成功率为 22.73%;直传身后成功 2 次,失误 17 次,成功率为 10.53%;斜传身后成功 1 次,失误 6 次,成功率为 14.29%;中直传成功 16 次,失误 28 次,成功率为 36.36%;斜传边路成功 37 次,失误 11 次,成功率为 77.08%。可以看出,本场比赛中国队运用较多的是短直传、个人突破、斜传边路这三种进攻方式。其中,短直传、斜传边路运用得较好,而个人突破的成功率极低。

在中国队过渡性技术使用中,横传球成功 88 次,失误 10 次,成功率为 89.80%;回传球成功 70 次,失误 4 次,成功率为 94.59%。中国队进攻中由攻转守 138 次,其中前场 38 次,中场 76 次,后场 24 次。

在伊朗队主要进攻性技术行为中,短直传成功 78 次,失误 22 次,成功率为 78.00%;长直传成功 2 次,失误 7 次,成功率为 22.22%;中直传成功 30 次,失误 9 次,成功率为 76.92%;斜传边路成功 32 次,失误 7 次,成功率为 82.05%;长传反击失误 3 次;球门球成功 2 次,失误 2 次,成功率为 50.00%。伊朗队在进攻中运用的短直传、中直传、斜传边路等取得了较好的效果。

在伊朗队过渡性技术使用中,横传球成功 86 次,失误 9 次,成功率为 90.53%;回传球成功 69 次,失误 1 次,成功率为 98.57%。伊朗队进攻中由攻转守 120 次,其中前场 69 次,中场 40 次,后场 11 次。

表 4-13　中国队与伊朗队进攻技术行为统计

单位:次

			短直传	边路传中	回头球	边路斜传	斜传分边	个人突破	直传身后	中路传切	斜传身后	长传转移	横传转移	长直传	中直传	斜传边路	带球反击	长传反击	斜传转移	球门球	横传球	回传球	攻转守	合计
中国队	前场	成功	3	0	2	1	0	4	1	0	0	0	0	0	0	0	0	0	0	0	9	8	38	28/38
		失误	1	1	0	3	0	7	1	0	0	0	0	0	0	0	0	0	0	0	4	0	0	17
	中场	成功	42	0	0	0	0	1	1	0	1	2	2	1	9	14	0	0	0	0	67	49	76	189/76
		失误	14	0	0	0	0	10	16	0	6	2	1	0	12	2	0	0	0	0	3	4	0	70
	后场	成功	24	0	0	0	0	0	0	0	0	0	0	2	7	23	0	2	0	8	12	13	24	91/24
		失误	16	0	0	0	0	0	0	0	0	0	0	4	16	9	0	6	0	5	3	0	0	59
	小计	成功	69	0	2	1	0	5	2	0	1	2	2	3	16	37	0	2	0	8	88	70	138	308/138
		失误	31	1	0	3	0	17	17	0	6	2	1	4	28	11	0	6	0	5	10	4	0	146

续表

		短直传	边路传中	回头球	边路斜传	斜传分边	个人突破	直传身后	中路传切	斜传身后	长传转移	横传转移	长直传	中直传	斜传边路	带球反击	长传反击	斜传转移	球门球	横传球	回传球	攻转守	合计
	前场 成功	12	1	0	4	8	6	1	0	2	0	0	0	1	0	0	0	0	0	10	15	69	60/69
	前场 失误	8	10	0	11	0	12	4	1	3	0	0	0	0	0	0	0	0	0	5	1	0	55
伊朗队	中场 成功	48	0	0	0	0	3	1	0	1	0	5	0	20	15	0	0	0	0	65	48	40	206/40
	中场 失误	9	0	0	0	0	7	16	0	12	0	0	5	1	0	0	0	0	0	3	0	0	53
	后场 成功	18	0	0	0	0	0	0	0	0	0	0	2	9	17	1	0	0	2	11	6	11	66/11
	后场 失误	5	0	0	0	0	0	0	0	0	0	0	2	8	7	0	3	1	2	1	0	0	29
	小计 成功	78	1	0	4	8	9	2	0	3	0	5	2	30	32	1	0	0	2	86	69	120	332/120
	小计 失误	22	10	0	11	0	19	20	1	15	0	0	7	9	7	0	3	1	2	9	1	0	137

2.威胁性进攻技术行为分析

中国队对伊朗队比赛威胁性进攻技术运用情况如图4-13所示。在前场有威胁的进攻中，个人突破成功4次，失误7次，成功率为36.36%；边路传中失误1次；回头球成功2次；边路斜传成功1次，失误3次，成功率为25.00%；直传身后成功1次，失误1次，成功率为50.00%。在中场，个人突破成功1次，失误10次，成功率为9.09%；斜传身后成功1次，失误6次，成功率为14.29%；直传身后成功1次，失误16次，成功率为5.88%。在后场，长传反击成功2次，失误6次，成功率为25.00%。中国队的个人突破、边路传中等多项威胁性进攻技术行为的次数较少，成功率较低。

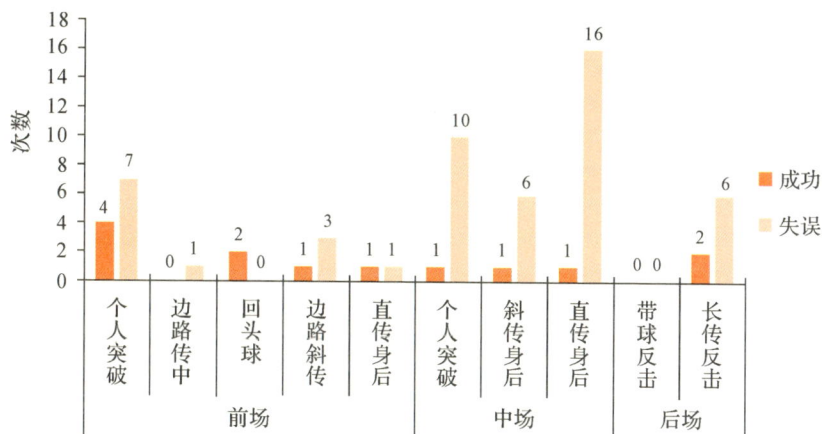

图 4-13 中国队对伊朗队比赛威胁性进攻技术运用情况

伊朗队对中国队比赛威胁性进攻技术运用情况如图4-14所示。在前场有威胁的进攻中，个人突破成功6次，失误12次，成功率为33.33%；边路传中成功1次，失误10次，成功率为9.09%；边路斜传成功4次，失误11次，成功率为26.67%；直传身后成功1次，失误4次，成功率为20.00%。在中场，个人突破成功3次，失误7次，成功率为30.00%；斜传身后成功1次，失误12次，成功率为7.69%；直传身后成功1次，失误16次，成功率为5.88%。在后场，带球反击成功 1 次;长传反击失误 3 次。伊朗队个人突破的次数多于中国队,成功率略高于中国队,这是伊朗队球员个人能力的体现,但是伊朗队其他威胁性进攻技术指标处于较低的水平。

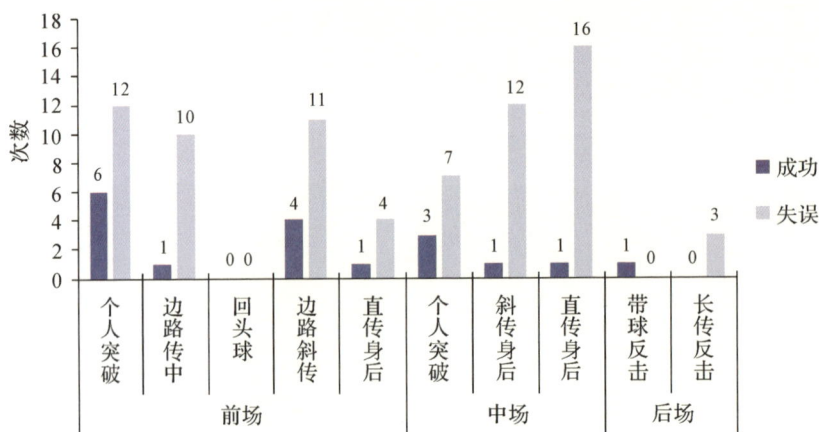

图 4-14　伊朗队对中国队比赛威胁性进攻技术运用情况

三、中国队与伊朗队比赛防守行为分析

(一)中国队与伊朗队比赛防守行为数据统计

1.各场区防守行为与时段

中国队与伊朗队比赛整体防守行为如表 4-14 所示。中国队全场比赛个人防守行为 732 次(无压 92 次),成功 387 次,失误 253 次,成功率为 52.87%;伊朗队为 686 次(无压 81 次),成功 421 次,失误 184 次,成功率为 61.37%。中国队全场个人防守次数多于伊朗队,但成功率低于伊朗队。

其中,中国队前场个人防守 89 次(无压 27 次),成功 29 次,失误 33 次,成功率为 32.58%;伊朗队前场个人防守 142 次(无压 30 次),成功 62 次,失误 50 次,成功率为 43.66%。中国队中场个人防守 339 次(无压 61 次),成功 164 次,失误 114 次,成功率为 48.38%;伊朗队中场个人防守 381 次(无压 49 次),成功 228 次,失误 104 次,成功率为 59.84%。中国队后场个人防守 304 次(无压 4 次),成功 194 次,失误 106 次,成功率为 63.82%;伊朗队为 163 次(无压 2 次),成功 131 次,失误 30 次,成功率为 80.37%。中国队在前场的个人防守次数低于伊朗队,主要是自身的实力原因而收缩在中场和后场进行个人防守,而伊朗队前场个人防守的数据高于中国队,这表明伊朗队采取了前场高压防守策略。

中国队小组防守 47 次,成功 30 次,失误 17 次,成功率为 63.83%;伊朗队小组防守 89 次,成功 51 次,失误 38 次,成功率为 57.30%。

其中,中国队前场小组防守成功 1 次,失误 3 次,成功率为 25.00%;伊朗队前场小组防守成功 16 次,失误 20 次,成功率为 44.44%。中国队中场小组防守成功 8 次,失误 5 次,成功率为 61.54%;伊朗队中场小组防守成功 15 次,失误 8 次,成功率为 65.22%。中国队后场小组防守成功 21 次,失误 9 次,成功率为 70.00%;伊朗队后场小组防守成功 20 次,失误 10 次,成功率为 66.67%。中国队没有把前场作为主要防守区域,因此前场的小组防守次数少于伊朗队,成功率也低于伊朗队。在后场的小组防守中,两队的防守次数相同,但是中国队的成功率略高于伊朗队,中国队后场的小组防守较为紧凑、密集。

表 4-14 中国队与伊朗队比赛各场区防守行为数据统计

单位:次

场地区域与防守类型			中国队				伊朗队			
			上半场		下半场		上半场		下半场	
			成功	失误	成功	失误	成功	失误	成功	失误
前场	左边	个人	2	3	3	7	6	7	11	7
		小组	0	0	0	3	0	0	1	1
	中路	个人	4	7	8	4	15	12	15	18
		小组	0	0	1	0	0	0	15	18
	右边	个人	6	4	6	8	5	2	10	4
		小组	0	0	0	0	0	0	0	1
	无压		8		19		18		12	
中场	左边	个人	25	14	42	19	38	12	25	21
		小组	1	0	2	0	2	0	2	2
	中路	个人	25	12	24	27	44	11	36	29
		小组	1	1	1	2	3	2	5	1
	右边	个人	23	23	25	19	44	9	41	22
		小组	0	0	3	2	2	2	1	1
	无压		21		40		28		21	
后场	左边	个人	20	17	28	15	31	1	17	6
		小组	0	1	3	0	2	2	3	1
	中路	个人	56	16	47	33	26	3	45	9
		小组	7	2	5	4	5	0	8	1
	右边	个人	17	9	26	16	4	6	8	5
		小组	3	0	3	2	0	3	2	3
	无压		2		2		0		2	
合计		个人	178	105	209	148	213	63	208	121
		小组	12	4	18	13	14	9	37	29
		无压	31		61		46		35	

2.防守对方射门与定位球进攻

中国队与伊朗队比赛防守射门与定位球数据统计如表 4-15 所示。中国队防守对方运动战禁区内射门 6 次(成功 1 次,失误 5 次),禁区外射门 6 次(成功 2 次,失误 4 次);防守左侧角球成功 3 次,失误 1 次,右侧角球成功 2 次,失误 1 次;防守后场 30 米任意球进攻成功 3 次。在运动战的防守中,中国队禁区内和禁区外的防守出现较多的问题,失误率较高,但对定位球防守的准备还是比较充分的。

伊朗队防守对方运动战禁区内射门成功 1 次,防守禁区外射门失误 2 次;防守角球成功 4 次;防守后场 30 米任意球进攻成功 2 次。伊朗队本场比赛虽然防守运动战和定位球的射门不多,但是成功率还是比较高的,这体现了该队整体防守的实力。

表 4-15　中国队与伊朗队比赛防守射门与定位球数据统计

单位:次

| | | | 运动战 | | 角球 | | 后场 30 米任意球 | | | 点球 | 合计 |
			禁区内	禁区外	左侧	右侧	左侧	中路	右侧		
中国队	上半场	成功	1	2	2	0	1	2	0	0	8
		失误	3	1	0	0	0	0	0	0	4
		被进球	0	0	0	0	0	0	0	0	0
	下半场	成功	0	0	1	2	0	0	0	0	3
		失误	2	3	1	1	0	0	0	0	7
		被进球	0	0	0	0	0	0	0	0	0
伊朗队	上半场	成功	0	0	1	1	1	0	0	0	3
		失误	0	1	0	0	0	0	0	0	1
		被进球	0	0	0	0	0	0	0	0	0
	下半场	成功	1	0	1	1	0	0	1	0	4
		失误	0	1	0	0	0	0	0	0	1
		被进球	0	0	0	0	0	0	0	0	0

(二)中国队与伊朗队比赛防守态势变化

中国队与伊朗队比赛防守态势变化曲线如图 4-15 所示。尽管本场比赛双方打成了 0∶0,中国队的防守分值在绝大部分时间里都处于正值,但是从防守曲线上还是能够看出,伊朗队的防守在整场比赛中一直占据着上风,这表明中国队的防守与伊朗队还有一定的差距。

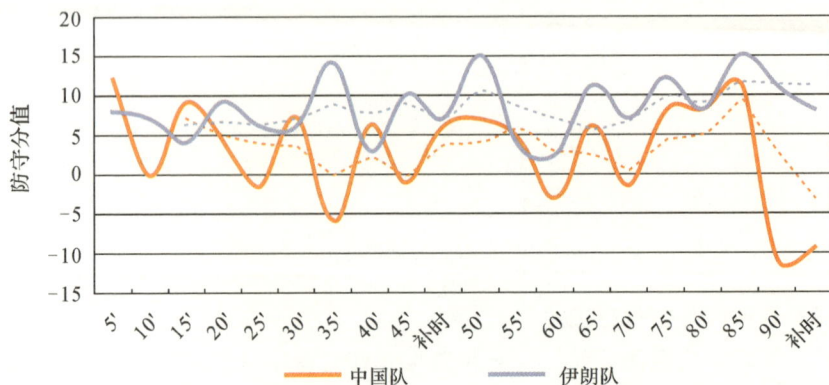

图 4-15　中国队与伊朗队比赛防守态势变化曲线

（三）中国队与伊朗队比赛防守技术运用

中国队与伊朗队比赛防守技术行为统计如表 4-16 所示。在中国队个人主要防守技术行为中，施压成功 198 次，失误 186 次，成功率为 51.56％；无压 92 次；反抢成功 9 次，失误 14 次，成功率为 39.13％；1vs1 成功 25 次，失误 20 次，成功率为 55.56％；抢断成功 36 次，失误 7 次，成功率为 83.72％；争顶成功 29 次，失误 15 次，成功率为 65.91％。

在小组防守中，中国队压迫成功 9 次，失误 8 次，成功率为 52.94％；保护成功 21 次，失误 9 次，成功率为 70.00％。中国队防守中由守转攻 99 次，其中前场 8 次，中场 32 次，后场 59 次。

在伊朗队个人主要防守技术行为中，施压成功 234 次，失误 126 次，成功率为 65.00％；无压 81 次；反抢成功 6 次，失误 16 次，成功率为 27.27％；1vs1 成功 28 次，失误 15 次，成功率为 65.12％；抢断成功 47 次，失误 5 次，成功率为 90.38％；争顶成功 21 次，失误 19 次，成功率为 52.50％；解围成功 10 次，失误 2 次，成功率为 83.33％；封堵成功 2 次，失误 1 次，成功率为 66.67％。

在小组防守中，伊朗队压迫成功 11 次，失误 14 次，成功率为 44.00％；保护成功 26 次，失误 6 次，成功率为 81.25％。伊朗队防守中由守转攻 92 次，其中前场 11 次，中场 49 次，后场 32 次。可以看出，伊朗队防守中抢断和保护的效果还可以。

表 4-16　中国队与伊朗队比赛防守技术运用情况统计

单位：次

		施压	无压	反抢	1vs1	抢断	拦截	铲球	争顶	解围	封堵	压迫	保护	守转攻	合计
中国队	前场 成功	19	0	2	1	3	4	0	0	0	0	1	0	8	30/8
	前场 失误	26	27	6	1	0	0	0	0	0	0	2	1	0	63
	中场 成功	105	0	6	9	12	21	1	10	0	0	6	2	32	172/32
	中场 失误	83	61	8	7	7	0	1	8	0	0	4	1	0	180
	后场 成功	74	0	1	15	21	46	1	19	17	0	2	19	59	215/59
	后场 失误	77	4	0	12	0	0	0	7	5	5	2	7	0	119
	小计 成功	198	0	9	25	36	71	2	29	17	0	9	21	99	417/99
	小计 失误	186	92	14	20	7	0	1	15	5	5	8	9	0	362
伊朗队	前场 成功	40	0	6	2	4	10	0	0	0	0	1	1	11	64/11
	前场 失误	35	30	12	2	1	0	0	0	0	0	2	0	0	82
	中场 成功	143	0	0	17	25	34	0	0	0	0	7	8	49	243/49
	中场 失误	72	49	3	8	4	0	0	17	0	0	7	1	0	161
	后场 成功	51	0	0	9	18	29	0	12	10	2	3	17	32	151/32
	后场 失误	19	2	1	5	0	0	0	2	0	5	5	5	0	42
	小计 成功	234	0	6	28	47	73	0	21	10	2	11	26	92	458/92
	小计 失误	126	81	16	15	5	0	0	19	2	1	14	6	0	285

中国队在防守技术行为运用中,主动施压和丢球反抢的次数少于伊朗队,成功率低于伊朗队,在对持球人的限制上伊朗队做得比中国队好。但是中国队的1vs1、抢断防守能力占据优势,在争顶球的指标上,中国队要明显好于伊朗队,在小组防守中,中国队的小组压迫成功率要略高于对手,但是保护的成功率却低于对手。

(四)中国队与伊朗队比赛守门员技术比较

中国队与伊朗队比赛守门员技术统计如表4-17所示。中国队守门员(曾诚)处理球共16次,均成功。其中,扑接球8次;扑必进球2次;扑单刀球1次;防传中球3次;出击抢断2次。

伊朗队守门员(贝兰万德)处理球13次,均成功。其中,扑接球7次;扑单刀球1次;防传中球5次。

中国队与伊朗队的守门员都显示出了较高的竞技状态和水准,在全场处理球中没有出现失误,这是确保双方球门不失的主要因素。

表 4-17　中国队与伊朗队比赛守门员技术统计

单位:次

			扑接球	扑必进球	扑单刀球	防传中球	出击抢断	点球防守	失球	合计
中国队	上半场	成功	2	0	1	1	2	0	0	6
		失误	0	0	0	0	0	0	0	0
	下半场	成功	6	2	0	2	0	0	0	10
		失误	0	0	0	0	0	0	0	0
伊朗队	上半场	成功	3	0	0	3	0	0	0	6
		失误	0	0	0	0	0	0	0	0
	下半场	成功	4	0	1	2	0	0	0	7
		失误	0	0	0	0	0	0	0	0

四、中国队与伊朗队比赛犯规情况

中国队与伊朗队比赛犯规数据统计如表4-18所示。中国队上半场犯规8次,黄牌1次;下半场犯规6次,越位1次。伊朗队上半场犯规8次;下半场犯规6次,黄牌1次,越位1次。中国队与伊朗队的犯规、黄牌和越位次数均为相同,这表明双方防守的意图和强度基本一致。

表 4-18　中国队对伊朗队比赛犯规数据统计

单位:次

		犯规	黄牌	红牌	越位
中国队	上半场	8	1	0	0
	下半场	6	0	0	1
伊朗队	上半场	8	0	0	0
	下半场	6	1	0	1

第三节　中国队(主场)与叙利亚队
比赛技术实力分析

2016 年 10 月 6 日,中国队与叙利亚队在陕西省体育场进行 2018 年俄罗斯世界杯亚洲区预选赛 12 强赛 A 组的第 3 轮比赛。比赛结果为中国队 0:1 负于叙利亚队,叙利亚队的马瓦斯在第 52 分 58 秒时,利用顾超出击失误打入全场比赛的唯一进球。

一、中国队与叙利亚队出场阵容

本场比赛中国队采用 4-2-3-1 阵型,叙利亚队采用 4-4-2 阵型(见图 4-16),具体比赛球员名单如表 4-19 所示。

表 4-19　中国队与叙利亚队首发和替补队员名单

	中国队			叙利亚队		
首发队员	顾超	(12)	门将	阿尔玛	(1)	门将
	任航	(2)	后卫	阿詹	(3)	后卫
	冯潇霆	(6)	后卫	萨利赫	(2)	后卫
	张琳芃	(5)	后卫	米达尼	(5)	后卫
	赵明剑	(13)	后卫	希卜利	(15)	后卫
	蒿俊闵	(11)	前卫	卡尔法	(13)	前卫
	黄博文	(16)	前卫	穆罕穆德	(14)	前卫
	于海	(21)	前卫	莫巴耶德	(20)	前卫
	张稀哲	(10)	前卫	马瓦斯	(9)	前卫
	郜林	(18)	前卫	赫里宾	(7)	前锋
	张玉宁	(22)	前锋	穆赫塔迪	(19)	前锋
替补队员	姜至鹏(4)46 分钟 ⇆ 黄博文(16)			多尼(12)49 分钟 ⇆ 穆赫塔迪(19)		
	武磊(57)55 分钟 ⇆ 张玉宁(22)			杰尼亚特(6)68 分钟 ⇆ 卡尔法(13)		
	杨旭(9)64 分钟 ⇆ 于海(21)			侯赛因(10)80 分钟 ⇆ 赫里宾(7)		

图 4-16　中国队与叙利亚队比赛阵型

二、中国队与叙利亚队比赛进攻行为分析

(一)中国队与叙利亚队比赛进攻行为数据统计

1.各区域进攻行为与时段

中国队与叙利亚队比赛进攻行为数据统计如表 4-20 所示。中国队全场比赛进攻行为(不包括射门和定位球进攻,下同)517 次,成功率为 65.38%;叙利亚队为 398 次,成功率为 53.52%。中国队的进攻能力明显强于叙利亚队。

其中,中国队前场进攻行为 111 次,成功 49 次,成功率为 44.14%;叙利亚队为 52 次,成功 34 次,成功率为 65.38%。中国队中场进攻行为 326 次,成功 234 次,成功率为 71.78%;叙利亚队为 204 次,成功 120 次,成功率为 58.82%。中国队后场进攻行为 80 次,成功 55 次,成功率为 68.75%;叙利亚队为 142 次,成功 59 次,成功率为 41.55%。中国队前场进攻次数多于叙利亚队,但是进攻行为的成功率较低,而中场的进攻具有一定的优势。

中国队上半场进攻行为 216 次,成功 134 次,成功率为 62.04%;叙利亚队为 205 次,成功 116 次,成功率为 56.59%。中国队下半场进攻行为 301 次,成功 204 次,成功率为 67.77%;叙利亚队为 193 次,成功 97 次,成功率为 50.26%。中国队上半场进攻次数基本与叙利亚队持平,但下半场的进攻次数明显多于叙利亚队。

表 4-20　中国队与叙利亚队比赛各场区进攻行为统计

单位:次

			前场			中场			后场			合计
			左边	中路	右边	左边	中路	右边	左边	中路	右边	
中国队	上半场	成功	3	1	11	59	22	19	3	14	2	134
		失误	9	5	6	29	7	12	6	7	1	82
	下半场	成功	14	17	3	62	50	22	6	25	5	204
		失误	21	18	3	16	14	14	1	9	1	97
叙利亚队	上半场	成功	3	9	10	11	17	37	0	18	11	116
		失误	1	3	5	9	8	25	5	14	19	89
	下半场	成功	1	4	7	14	22	19	4	18	8	97
		失误	0	3	6	15	14	13	7	27	11	96

2.射门与定位球进攻

中国队与叙利亚队比赛射门与定位球进攻情况如表 4-21 所示。中国队运动战禁区内射门失误 2 次,禁区外射门失误 4 次;左侧角球失误 3 次,右侧角球失误 2 次;前场 30 米任意球进攻 4 次(失误 3 次,射门 1 次)。

叙利亚队全场比赛共射门 8 次,其中,运动战禁区内射门 4 次(失误 3 次,射正 1 次),禁区外失误 3 次;右侧角球失误 2 次,射门 1 次;前场 30 米任意球失误 1 次。

双方在禁区内、外和定位球射门基本相同,但叙利亚队禁区内射进 1 球,这是由于中国队守门员顾超盲目出击所造成的。

表 4-21　中国队与叙利亚队比赛射门与定位球进攻数据统计

单位:次

			运动战		角球		前场 30 米任意球			点球	合计
			禁区内	禁区外	左侧	右侧	左侧	中路	右侧		
中国队	上半场	失误	0	0	1	1	0	0	0	0	2
		射门	1	1	0	0	1	0	0	0	2/1
		射正	0	0	0	0	0	0	0	0	0
		进球	0	0	0	0	0	0	0	0	0
	下半场	失误	0	0	2	1	2	0	1	0	6
		射门	1	3	0	0	0	0	0	0	4
		射正	0	0	0	0	0	0	0	0	0
		进球	0	0	0	0	0	0	0	0	0

续表

		运动战		角球		前场 30 米任意球			点球	合计
		禁区内	禁区外	左侧	右侧	左侧	中路	右侧		
叙利亚队	**上半场** 失误	0	0	0	0	0	1	0	0	1
	射门	1	0	0	1	0	0	0	0	1/1
	射正	0	0	0	0	0	0	0	0	0
	进球	0	0	0	0	0	0	0	0	0
	下半场 失误	0	0	0	2	0	0	0	0	2
	射门	3	3	0	0	0	0	0	0	6
	射正	1	0	0	0	0	0	0	0	1
	进球	0	0	0	0	0	0	0	0	0

(二)中国队与叙利亚队比赛进攻态势变化

中国队与叙利亚队比赛进攻态势变化曲线如图 4-17 所示。从整体上看,双方的进攻态势可以分为三个阶段:第一阶段为上半场前 30 分钟,中国队的进攻占有一定的优势;第二阶段为第 30 分钟至第 75 分钟,双方的进攻态势交替升降,基本处于平衡状态,在第 52 分 58 秒时叙利亚队攻入 1 球;第三阶段是第 75 分钟以后,中国队的进攻占据了较大的优势,但遗憾的是没有能够攻破对方的球门。

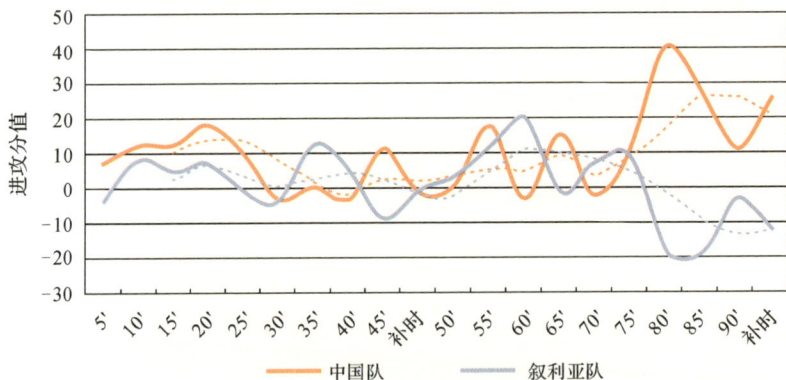

图 4-17　中国队与叙利亚队比赛进攻态势变化曲线

(三)中国队与叙利亚队比赛进攻技术行为运用

1. 比赛进攻技术行为运用情况

中国队与叙利亚队比赛进攻技术行为统计如表 4-22 所示。在中国队主要进攻性技术行为中,短直传成功 65 次,失误 34 次,成功率为 65.66%;边路传中成功 3 次,失误 10 次,成功率为 23.08%;个人突破成功 6 次,失误 30 次,成功率为 16.67%;直传身后成功 7 次,失误 14 次,成功率为 33.33%;斜传身后成功 4 次,失误 12 次,成功率为 25.00%;中直传成功 30 次,失误 35 次,成功率为 46.15%;斜传边路成功 27 次,失误 5 次,成功率为 84.38%。中国队的短直传、斜传边路运用较多,效果也比较好,这表明中国队是通过短直传向前进行渗透,在受到对方堵截后斜传边路转移进攻方向。但是个人突破、边路传中、斜传身后的成功率极低,无法形成有效的威胁。

在中国队过渡性技术使用中,横传球成功 115 次,失误 20 次,成功率为 85.19%;回传球成功 62 次,失误 4 次,成功率为 93.94%。中国队进攻中由攻转守 159 次,其中前场 84 次,中场 69 次,后场 6 次。中国队前场由攻转守次数高于叙利亚队,这是由于叙利亚队注重在前场防守的原因。

在叙利亚队主要进攻性技术行为中,短直传成功 57 次,失误 47 次,成功率为 54.81%;长直传成功 3 次,失误 9 次,成功率为 25.00%;中直传成功 16 次,失误 47 次,成功率为 25.40%;斜传边路成功 12 次,失误 10 次,成功率为 54.55%;长传反击失误 4 次;球门球成功 3 次,失误 7 次,成功率为 30.00%。叙利亚队的短直传效果较好,其他威胁性的进攻行为效果一般。但是,叙利亚队中场的直传身后虽然成功率不高,但是其 2 次成功的直传身后就有一次突破了中国队的防线,形成了破门机会。

在叙利亚队过渡性技术使用中,横传球成功 68 次,失误 10 次,成功率为 87.18%;回传球成功 39 次,失误 4 次,成功率为 90.70%。叙利亚队进攻中由攻转守 163 次,其中前场 41 次,中场 90 次,后场 32 次。

表 4-22　中国队与叙利亚队进攻技术行为统计

单位:次

			短直传	边路传中	回头球	边路斜传	斜传分边	个人突破	直传身后	中路传切	斜传身后	长传转移	横传转移	长直传	中直传	斜传边路	带球反击	长传反击	斜传转移	球门球	横传球	回传球	攻转守	合计
中国队	前场	成功	5	3	0	1	4	5	0	1	0	0	0	0	1	0	0	0	0	0	14	15	84	49/84
		失误	9	10	0	5	1	21	3	0	1	0	0	0	1	0	0	0	0	0	8	3	0	62/0
	中场	成功	52	0	0	0	0	1	7	0	4	3	3	0	21	10	0	0	0	0	88	45	69	234/69
		失误	21	0	0	0	0	9	11	0	11	1	2	1	25	2	0	0	0	0	9	0	0	92/0
	后场	成功	8	0	0	0	0	0	0	0	0	0	0	0	8	17	0	0	0	4	13	2	6	55/6
		失误	4	0	0	0	0	0	0	0	0	0	0	2	9	3	0	1	0	2	3	1	0	25/0
	小计	成功	65	3	0	1	4	6	7	1	4	3	3	0	30	27	0	0	0	4	115	62	159	338/159
		失误	34	10	0	5	1	30	14	0	12	1	2	3	35	5	0	1	0	2	20	4	0	179/0
叙利亚队	前场	成功	7	0	1	1	0	4	0	0	1	0	0	0	0	0	0	0	0	0	15	5	41	34/41
		失误	3	5	0	2	0	6	1	0	0	0	0	0	0	0	0	0	0	0	1	0	0	18/0
	中场	成功	32	0	0	0	0	3	2	0	1	0	0	2	0	0	2	0	0	0	40	29	90	120/90
		失误	25	0	0	0	0	10	9	0	9	1	0	0	20	2	0	0	0	0	5	3	0	84/0
	后场	成功	18	0	0	0	0	0	0	0	0	0	0	2	3	16	10	0	0	3	13	5	32	59/32
		失误	19	0	0	0	0	0	0	0	0	0	0	9	27	8	2	4	2	1	1	0	0	83/0
	小计	成功	57	0	1	1	0	7	2	0	2	0	0	2	3	16	12	0	0	3	68	39	163	213/163
		失误	47	5	0	2	0	16	10	0	9	1	0	9	47	10	2	4	2	7	10	4	0	185/0

2.威胁性进攻技术行为分析

中国队对叙利亚队比赛威胁性进攻技术运用情况如图 4-18 所示。在前场有威胁的进攻中,个人突破成功 5 次,失误 21 次,成功率为 19.23%;边路传中成功 3 次,失误 10 次,成功率为 23.08%;边路斜传成功 1 次,失误 5 次,成功率为 16.67%;直传身后失误 3 次。在中场,个人突破成功 1 次,失误 9 次,成功率为 10.00%;斜传身后成功 4 次,失误 11 次,成功率为 26.67%;直传身后成功 7 次,失误 11 次,成功率为 38.89%。在后场,长传反击失误 1 次。中国队前场和中场使用最多的分别是个人突破和直传身后,但其成功率都很低,这表明中国队的进攻能力比较弱。

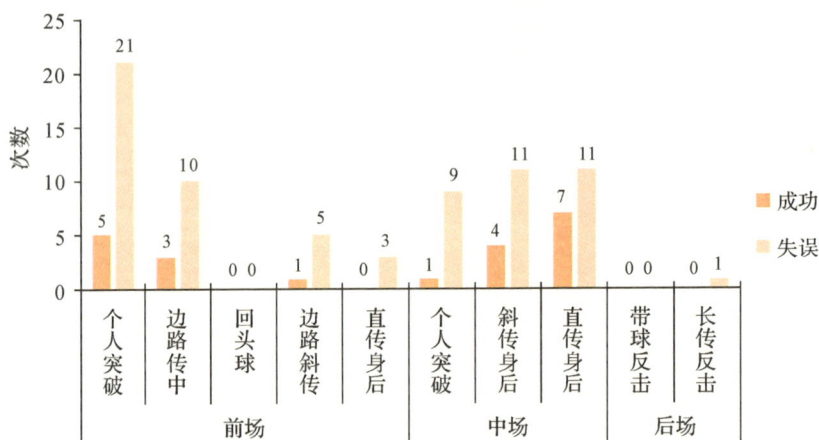

图 4-18　中国队对叙利亚队比赛威胁性进攻技术运用情况

叙利亚队对中国队比赛威胁性进攻技术运用情况如图 4-19 所示。在前场有威胁的进攻中,个人突破成功 4 次,失误 6 次,成功率为 40.00%;边路传中失误 5 次;回头球成功 1 次;边路斜传成功 1 次,失误 2 次,成功率为 33.33%;直传身后失误 1 次。在中场,个人突破成功 3 次,失误 10 次,成功率为 23.08%;斜传身后成功 1 次,失误 9 次,成功率为 10.00%;直传身后成功 2 次,失误 9 次,成功率为 18.18%。在后场,带球反击失误 2 次;长传反击失误 4 次。

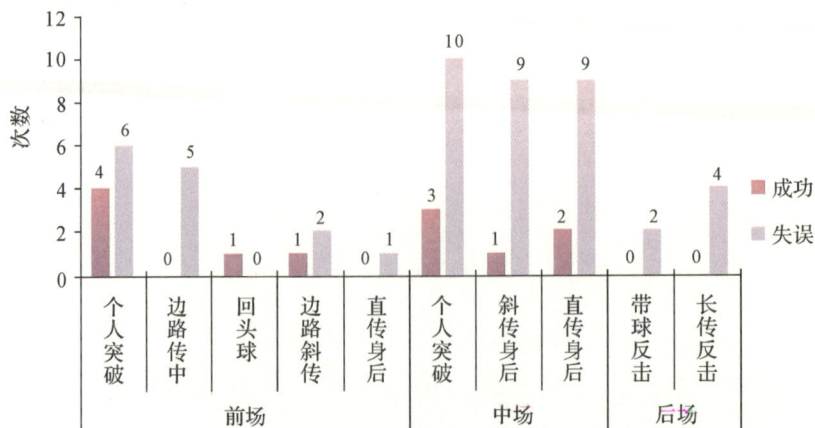

图 4-19　叙利亚队对中国队比赛威胁性进攻技术运用情况

三、中国队与叙利亚队比赛防守行为分析

(一)中国队与叙利亚队比赛防守行为数据统计

1.各场区防守行为与时段

中国队与叙利亚队比赛整体防守行为如表4-23所示。中国队全场比赛个人防守行为644次(无压25次),成功408次,失误211次,成功率为63.35%;叙利亚队为830次(无压58次),成功480次,失误292次,成功率为57.83%。中国队全场个人防守次数明显少于叙利亚队,但成功率要高于叙利亚队。

其中,中国队前场个人防守102次(无压13次),成功37次,失误52次,成功率为36.27%;叙利亚队前场个人防守73次(无压23次),成功20次,失误30次,成功率为27.40%。中国队中场个人防守315次(无压9次),成功214次,失误92次,成功率为67.94%;叙利亚队中场个人防守431次(无压35次),成功224次,失误172次,成功率为51.97%。中国队后场个人防守227次(无压3次),成功157次,失误67次,成功率为69.16%;叙利亚队后场个人防守326次(无压0次),成功236次,失误90次,成功率为72.39%。中国队在前场采用了高压防守,但收效不大。叙利亚队在前场防守几乎是放弃的,收缩在中后场进行防守。

中国队小组防守72次,成功55次,失误17次,成功率为76.39%;叙利亚队小组防守91次,成功70次,失误21次,成功率为76.92%。两队的小组防守的成功率基本接近,小组防守都比较成功。

其中,中国队前场小组防守成功1次,失误1次,成功率为50.00%;叙利亚队前场小组防守成功6次,失误7次,成功率为46.15%。中国队中场小组防守成功31次,失误10次,成功率为75.61%;叙利亚队中场小组防守成功21次,失误7次,成功率为75.00%。中国队后场小组防守成功23次,失误6次,成功率为79.31%;叙利亚队后场小组防守成功43次,失误7次,成功率为86.00%。叙利亚队后场小组防守次数较多,成功率也还可以。

表 4-23　中国队与叙利亚队比赛各场区防守行为数据统计

单位:次

场地区域与防守类型			中国队				叙利亚队			
			上半场		下半场		上半场		下半场	
			成功	失误	成功	失误	成功	失误	成功	失误
前场	左边	个人	9	10	9	15	0	1	2	7
		小组	1	0	0	0	0	0	0	0
	中路	个人	5	10	9	13	7	5	5	7
		小组	0	0	0	0	1	0	5	7
	右边	个人	2	2	3	2	3	3	3	7
		小组	0	1	0	0	0	0	0	0
无压			8		5		11		12	

续表

场地区域与防守类型			中国队				叙利亚队			
			上半场		下半场		上半场		下半场	
			成功	失误	成功	失误	成功	失误	成功	失误
中场	左边	个人	67	29	31	19	26	20	26	13
		小组	9	7	3	1	1	0	1	1
	中路	个人	27	8	45	21	28	28	36	34
		小组	5	1	4	0	0	0	6	2
	右边	个人	15	8	29	7	66	50	42	27
		小组	4	1	6	0	6	4	7	0
	无压		6		3		7		28	
后场	左边	个人	20	17	19	10	15	7	26	8
		小组	0	1	3	1	1	1	2	2
	中路	个人	56	16	35	8	35	7	86	31
		小组	7	2	9	2	8	0	18	1
	右边	个人	17	9	10	7	40	9	34	28
		小组	3	0	1	0	7	1	7	2
	无压		2		1		0		0	
合计		个人	218	109	190	102	220	130	260	162
		小组	29	13	26	4	24	6	46	15
		无压	16		9		18		40	

2.防守对方射门与定位球进攻

中国队与叙利亚队比赛防守射门与定位球数据统计如表 4-24 所示。中国队防守对方运动战禁区内射门 3 次(失误 3 次,失 1 球),禁区外射门失误 5 次;防守左侧角球成功 3 次;防守后场 30 米任意球进攻成功 1 次。中国队在运动战防守中失误较多,存在着较大的问题。

叙利亚队防守对方运动战禁区内射门失误 1 次,禁区外射门 4 次(成功 2 次,失误 2 次);防守角球成功 5 次;防守后场 30 米任意球进攻成功 4 次。

表 4-24 中国队与叙利亚队比赛防守射门与定位球数据统计

单位:次

			运动战		角球		后场 30 米任意球			点球	合计
			禁区内	禁区外	左侧	右侧	左侧	中路	右侧		
中国队	上半场	成功	0	0	1	0	0	1	0	0	2
		失误	1	2	0	0	0	0	0	0	3
		被进球	0	0	0	0	0	0	0	0	0
	下半场	成功	0	0	2	0	0	0	0	0	2
		失误	2	3	0	0	0	0	0	0	5
		被进球	1	0	0	0	0	0	0	0	1
叙利亚队	上半场	成功	0	1	1	1	0	1	0	0	4
		失误	1	0	0	0	0	0	0	0	1
		被进球	0	0	0	0	0	0	0	0	0
	下半场	成功	0	1	2	1	3	0	0	0	7
		失误	0	2	0	0	0	0	0	0	2
		被进球	0	0	0	0	0	0	0	0	0

(二)中国队与叙利亚队比赛防守态势变化

中国队与叙利亚队比赛防守态势变化曲线如图 4-20 所示。从防守整体上看,本场比赛中国队与叙利亚队的防守都比较好,防守态势变化曲线比较平稳。中国队的防守态势变化曲线基本都在"0"分线以上,仅仅在第 50 分钟至第 55 分钟时段稍低(被攻入 1 球)。叙利亚队的防守曲线虽然也有波动,但一直保持着较高的水平。双方在第 75 分钟以后,防守态势曲线有较大幅度的提升,这表明在最后时段双方的防守都得到了进一步的加强。

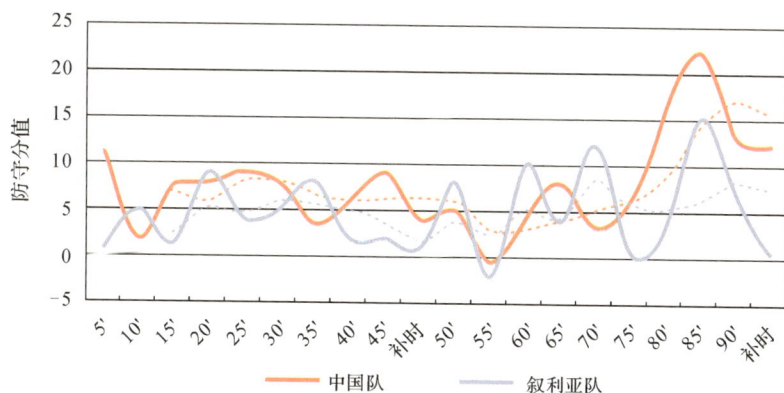

图 4-20 中国队与叙利亚队比赛防守态势变化曲线

(三)中国队与叙利亚队比赛防守技术运用

中国队与叙利亚队比赛防守技术行为统计如表 4-25 所示。在中国队个人主要防守技术行为中,施压成功 206 次,失误 169 次,成功率为 54.93%;无压 25 次;反抢成功 5 次,失误

11 次,成功率为 31.25％;1vs1 成功 26 次,失误 12 次,成功率为 68.42％;抢断成功 45 次,失误 7 次,成功率为 86.54％;争顶成功 36 次,失误 8 次,成功率为 81.82％。中国队的主动施压运用次数少于叙利亚队,成功率低于叙利亚队,而 1vs1、就地反抢和抢断质量比较高。

在小组防守中,中国队压迫成功 9 次,失误 7 次,成功率为 56.25％;保护成功 46 次,失误 10 次,成功率为 82.14％。中国队防守中由守转攻 155 次,其中前场 19 次,中场 83 次,后场 53 次。

在叙利亚队个人主要防守技术行为中,施压成功 255 次,失误 206 次,成功率为 55.31％;无压 58 次;反抢成功 6 次,失误 21 次,成功率为 22.22％;1vs1 成功 22 次,失误 16 次,成功率为 57.89％;抢断成功 47 次,失误 8 次,成功率为 85.45％;争顶成功 34 次,失误 31 次,成功率为 52.31％;解围成功 34,失误 5 次,成功率为 87.18％;封堵成功 2 次,失误 4 次,成功率为 33.33％。

在小组防守中,叙利亚队压迫成功 13 次,失误 10 次,成功率为 56.52％;保护成功 52 次,失误 4 次,成功率为 92.86％。叙利亚队防守中由守转攻 102 次,其中前场 8 次,中场 46 次,后场 48 次。叙利亚队的小组压迫和保护的成功率较高,小组防守有一定的优势,防守层次性较强。

表 4-25　中国队与叙利亚队比赛防守技术运用情况统计

单位:次

			施压	无压	反抢	1vs1	抢断	拦截	铲球	争顶	解围	封堵	压迫	保护	守转攻	合计
中国队	前场	成功	22	0	0	1	3	10	1	0	0	0	0	1	19	38/19
		失误	41	13	7	1	3	0	0	0	0	0	0	1	0	66
	中场	成功	118	0	3	11	23	34	3	22	0	0	8	23	83	245/83
		失误	78	9	3	3	3	0	1	4	0	0	7	3	0	111
	后场	成功	66	0	2	14	19	27	2	14	13	0	1	22	53	180/53
		失误	50	3	1	8	0	0	0	4	1	2	0	6	0	76
	小计	成功	206	0	5	26	45	71	6	36	13	0	9	46	155	463/155
		失误	169	25	11	12	7	0	1	8	1	2	7	10	0	253
叙利亚队	前场	成功	12	0	1	0	5	2	0	0	0	0	0	1	8	21/8
		失误	23	23	6	1	0	0	0	0	0	0	0	0	0	53
	中场	成功	145	0	4	9	16	32	3	15	0	0	6	15	46	245/46
		失误	122	35	13	9	7	0	0	21	0	0	5	2	0	214
	后场	成功	98	0	1	13	26	33	10	19	34	2	7	36	48	279/48
		失误	61	0	2	6	1	0	1	10	5	4	5	2	0	97
	小计	成功	255	0	6	22	47	67	13	34	34	2	13	52	102	545/102
		失误	206	58	21	16	8	0	1	31	5	4	10	4	0	364

(四)中国队与叙利亚队比赛守门员技术比较

中国队与叙利亚队比赛守门员技术统计如表 4-26 所示。中国队守门员(顾超)处理球共 3 次。其中,扑接球成功 2 次;出击抢断失败 1 次,失 1 球。中国队顾超出击失误被对方攻入1球,导致中国队本场比赛失利。

叙利亚队守门员(阿尔玛)处理球8次,均成功。其中,扑单刀球成功1次;防传中球成功5次;出击抢断成功2次

表4-26 中国队与叙利亚队比赛守门员技术统计

单位:次

			扑接球	扑必进球	扑单刀球	防传中球	出击抢断	点球防守	失球	合计
中国队	上半场	成功	0	0	0	0	0	0	0	0
		失误	0	0	0	0	0	0	0	0
	下半场	成功	2	0	0	0	0	0	0	2
		失误	0	0	0	0	1	0	1	1/1
叙利亚队	上半场	成功	0	0	0	3	0	0	0	3
		失误	0	0	0	0	0	0	0	0
	下半场	成功	0	0	1	2	2	0	0	5
		失误	0	0	0	0	0	0	0	0

(五)中国队失球分析

本场比赛进行到第52分58秒时,叙利亚2号球员萨利赫中场得球,送出一个身后球,此时在中国两名防守队员夹击下的叙利亚9号球员马瓦斯向前切入,而中国队守门员顾超此刻弃门而出上前封堵失误,叙利亚9号球员马瓦斯将球送入空门,如图4-21所示。

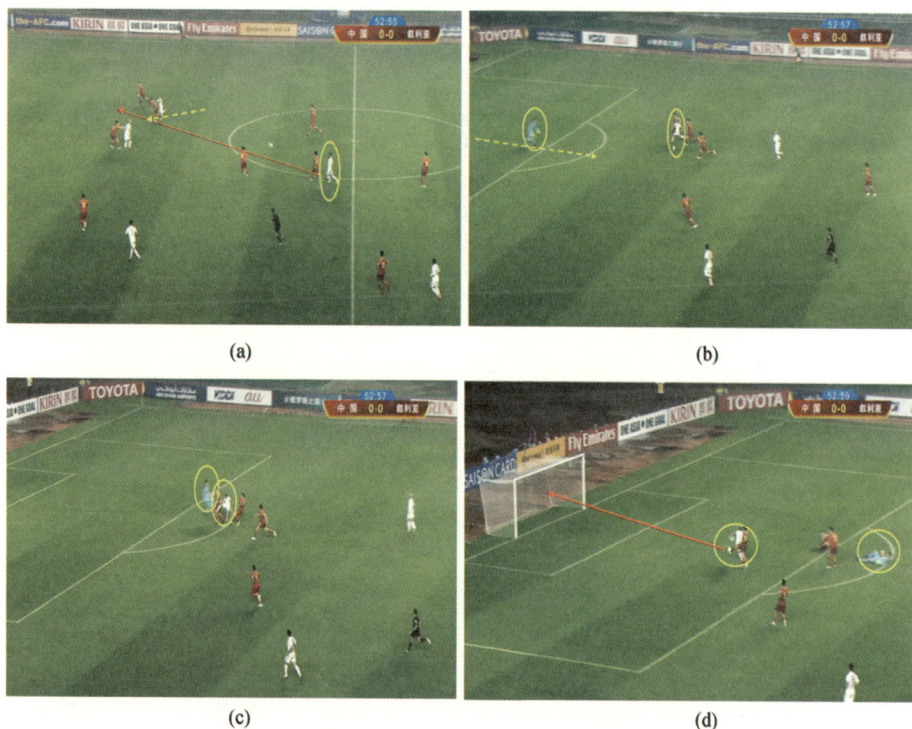

(a)　　　　　　　(b)
(c)　　　　　　　(d)

图4-21 中国队与叙利亚队比赛的失球

四、中国队与叙利亚队比赛犯规情况

中国队与叙利亚队比赛犯规数据统计如表 4-27 所示。中国队上半场犯规 8 次,越位 4 次;下半场犯规 7 次,黄牌 1 次。叙利亚队上半场犯规 3 次,下半场犯规 9 次,黄牌 1 次,越位 2 次。

中国队的逼抢较为积极,全场共计犯规 15 次;而叙利亚上半场仅 3 次犯规,但是在下半场叙利亚队明显加快了逼抢的节奏,犯规次数也随之增加。

表 4-27　中国队与叙利亚队比赛犯规数据统计

单位:次

		犯规	黄牌	红牌	越位
中国队	上半场	8	0	0	4
	下半场	7	1	0	0
叙利亚队	上半场	3	0	0	0
	下半场	9	1	0	2

第四节　中国队(客场)与乌兹别克斯坦队比赛技术实力分析

2016 年 10 月 11 日,2018 年俄罗斯世界杯亚洲区预选赛 12 强赛 A 组第 4 轮比赛中国队客场对阵乌兹别克斯坦队,比赛在塔什干缔造者球场进行,中国队 0:2 负于乌兹别克斯坦队。乌兹别克斯坦队的比科莫耶夫下半场第 49 分 30 秒时打破僵局,攻入 1 球;替补出场的舒库洛在第 84 分 45 秒时远射攻入 1 球。

一、中国队与乌兹别克斯坦队出场阵容

本场比赛中国队也采用 4-2-3-1 阵型,乌兹别克斯坦队也采用 4-2-3-1 阵型(见图 4-22),具体比赛球员名单如表 4-28 所示。

表 4-28　中国队和乌兹别克斯坦队首发和替补队员名单

	中国队			乌兹别克斯坦队		
首发队员	杨智	(23)	门将	洛巴诺夫	(21)	门将
	任航	(2)	后卫	丹尼索夫	(19)	后卫
	杜威	(5)	后卫	哈什莫夫	(13)	后卫
	冯潇霆	(6)	后卫	克里梅茨	(2)	后卫
	赵明剑	(13)	后卫	图塔胡哈耶夫	(20)	后卫
	蔡慧康	(8)	前卫	艾赫迈多夫	(9)	前卫
	蒿俊闵	(11)	前卫	海达洛夫	(7)	前卫

	中国队			乌兹别克斯坦队		
首发队员	孙可	(14)	前卫	肖穆罗多夫	(23)	前卫
	姜宁	(19)	前卫	叶帕罗夫	(8)	前卫
	张呈栋	(17)	前卫	比科莫耶夫	(4)	前卫
	武磊	(7)	前锋	谢尔盖耶夫	(11)	前锋
替补队员	姜至鹏(4)18分钟⇆孙可(14)			舒库洛(18)64分钟⇆比科莫耶夫(4)		
	张玉宁(22)53分钟⇆姜至鹏(4)			马沙里波夫(17)55分钟⇆艾赫迈多夫(9)		
	黄博文(16)69分钟⇆姜宁(19)			拉什多夫(10)90分钟⇆肖穆罗多夫(23)		

图 4-22　中国队与乌兹别克斯坦队比赛阵型

二、中国队与乌兹别克斯坦队比赛进攻行为分析

(一)中国队与乌兹别克斯坦队比赛进攻行为数据统计

1.各区域进攻行为与时段

中国队与乌兹别克斯坦队比赛进攻行为数据统计如表4-29所示。中国队全场比赛进攻行为(不包括射门和定位球进攻,下同)431次,成功率为67.98%;乌兹别克斯坦队为524次,成功率为75.95%。本场比赛中国队的进攻行为要少于乌兹别克斯坦队。

其中,中国队前场进攻行为67次,成功32次,成功率为47.76%;乌兹别克斯坦队为144次,成功102次,成功率为70.83%。中国队中场进攻行为251次,成功186次,成功率为 74.10%;乌兹别克斯坦队为 272 次,成功 236 次,成功率为 86.76%。中国队后场进攻行为 113 次,成功 75 次,成功率为 66.37%;乌兹别克斯坦队为 108 次,成功 60 次,成功率为 55.56%。乌兹别克斯坦队在前场的进攻有较大的优势,无论是进攻次数还是成功率均明显优于中国队,显示了强有力的进攻实力。

中国队上半场进攻行为 183 次,成功 111 次,成功率为 60.66%;乌兹别克斯坦队为 282 次,成功 203 次,成功率为 71.99%。中国队下半场进攻行为 248 次,成功 182 次,成功率为 73.39%;乌兹别克斯坦队为 242 次,成功 195 次,成功率为 80.58%。中国队下半场的进攻次数与乌兹别克斯坦队基本持平,而乌兹别克斯坦队上半场进攻次数明显多于中国队。

表 4-29　中国队与乌兹别克斯坦队比赛各场区进攻行为统计

单位:次

			前场			中场			后场			合计
			左边	中路	右边	左边	中路	右边	左边	中路	右边	
中国队	上半场	成功	3	8	10	25	19	14	4	23	5	111
		失误	6	8	6	13	9	12	3	9	6	72
	下半场	成功	5	2	4	53	43	32	7	30	6	182
		失误	6	6	3	13	6	12	5	7	8	66
乌兹别克斯坦队	上半场	成功	24	11	4	66	31	38	0	18	11	203
		失误	8	8	5	12	4	4	5	14	19	79
	下半场	成功	28	21	14	45	42	14	9	20	2	195
		失误	9	6	6	6	5	5	2	6	2	47

2.射门与定位球进攻

中国队与乌兹别克斯坦队比赛射门与定位球进攻情况如表 4-30 所示。中国队运动战禁区内射门 2 次(射正 2 次);左侧角球失误 3 次,右侧角球失误 1 次;前场 30 米任意球进攻失误 1 次。

乌兹别克斯坦队全场比赛共射门 19 次,其中,运动战禁区内射门 11 次(射正 4 次,失误 7 次,进 1 球),禁区外射门 5 次(失误 3 次,射正 2 次,进 1 球);左侧角球失误 1 次,射门 2 次;前场 30 米任意球进攻 5 次(失误 4 次,射门 1 次)。全场比赛射正率为 31.58%,进球率为 10.53%。

乌兹别克斯坦队攻势猛烈,全场射门的次数远远高于中国队,运动战禁区内射门有 11 次,并攻入 1 球;禁区外射门 5 次,也打进 1 球。这两项数据远远高于中国队。在定位球的进攻中,中国队的角球、前场 30 米任意球均告失误,而乌兹别克斯坦队有 3 次形成射门机会。

表 4-30　中国队与乌兹别克斯坦队比赛射门与定位球进攻数据统计

单位：次

| | | 运动战 | | 角球 | | 前场 30 米任意球 | | | 点球 | 合计 |
		禁区内	禁区外	左侧	右侧	左侧	中路	右侧		
中国队	上半场 失误	0	0	3	0	1	0	0	0	4
	射门	0	0	0	0	0	0	0	0	0
	射正	0	0	0	0	0	0	0	0	0
	进球	0	0	0	0	0	0	0	0	0
	下半场 失误	0	0	0	1	0	0	0	0	1
	射门	2	0	0	0	0	0	0	0	2
	射正	2	0	0	0	0	0	0	0	2
	进球	0	0	0	0	0	0	0	0	0
乌兹别克斯坦队	上半场 失误	0	0	0	0	2	0	0	0	2
	射门	4	3	0	0	0	0	0	0	7
	射正	1	0	0	0	0	0	0	0	1
	进球	0	0	0	0	0	0	0	0	0
	下半场 失误	0	0	1	0	2	0	0	0	3
	射门	7	2	2	0	0	1	0	0	9/3
	射正	3	2	0	0	0	0	0	0	5
	进球	1	1	0	0	0	0	0	0	2

（二）中国队与乌兹别克斯坦队比赛进攻态势变化

中国队与乌兹别克斯坦队比赛进攻态势变化曲线如图 4-23 所示。从该曲线中可以清楚地看到，中国队的进攻较弱，而乌兹别克斯坦队则占据了绝对的优势。中国队在本场比赛

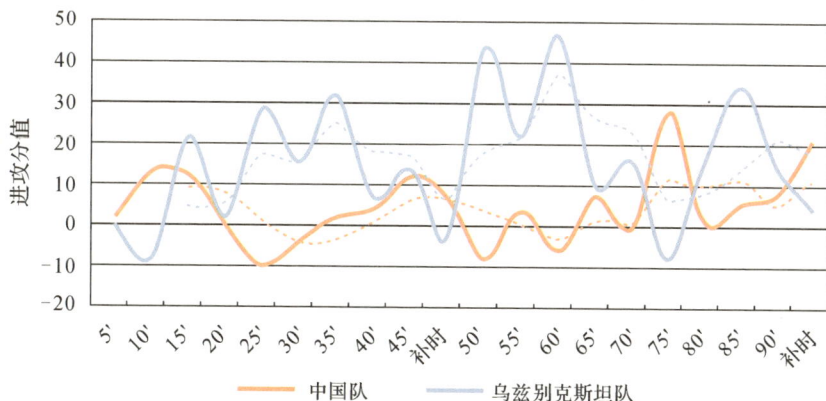

图 4-23　中国队与乌兹别克斯坦队比赛进攻态势变化曲线

中,仅在开场前 15 分钟、上半场结束前和第 70 分钟至第 75 分钟时段的进攻尚可。乌兹别克斯坦队在上半场第 15 分钟至第 40 分钟、下半场开始至第 70 分钟及下半场的最后 10 分钟,其进攻均发挥了较高的水平。

(三)中国队与乌兹别克斯坦队比赛进攻技术行为运用

1. 比赛进攻技术行为运用情况

中国队与乌兹别克斯坦队比赛进攻技术行为统计如表 4-31 所示。在中国队主要进攻性技术行为中,短直传成功 64 次,失误 27 次,成功率 70.33%;边路传中失误 7 次;个人突破成功 11 次,失误 14 次,成功率为 44.00%;直传身后成功 2 次,失误 10 次,成功率 16.67%;斜传身后成功 2 次,失误 16 次,成功率为 11.11%;中直传成功 27 次,失误 21 次,成功率为 56.25%;斜传边路成功 21 次,失误 4 次,成功率为 84.00%。中国队在本场比赛中,短直传、斜传边路和中直传运用较多,效果也较好,但其他进攻技术行为的效果一般。

在中国队过渡性技术使用中,横传球成功 110 次,失误 17 次,成功率为 86.61%;回传球成功 43 次,失误 3 次,成功率为 93.48%。中国队进攻中由攻转守 128 次,其中前场 52 次,中场 56 次,后场 20 次。

在乌兹别克斯坦队主要进攻性技术行为中,短直传成功 84 次,失误 23 次,成功率为 78.50%;长直传成功 5 次,失误 7 次,成功率为 41.67%;中直传成功 24 次,失误 19 次,成功率为 55.81%;斜传边路成功 17 次,失误 6 次,成功率为 73.91%;长传反击成功 1 次,失误 2 次,成功率为 33.33%;球门球成功 1 次,失误 2 次,成功率为 33.33%。

表 4-31　中国队与乌兹别克斯坦队进攻技术行为统计

单位:次

			短直传	边路传中	回头球	边路斜传	斜传分边	个人突破	直传身后	中路传切	斜传身后	长传转移	横传转移	长直传	中直传	斜传边路	带球反击	长传反击	斜传转移	球门球	横传球	回传球	攻转守	合计
中国队	前场	成功	5	0	0	0	2	6	1	0	0	0	0	0	0	0	0	0	0	0	9	9	52	32/52
		失误	3	7	1	3	1	10	3	0	3	0	0	0	0	0	0	0	0	0	4	0	0	35
	中场	成功	40	0	0	0	0	5	1	0	2	1	1	0	14	7	0	0	0	0	87	28	56	186/56
		失误	16	0	0	0	0	4	7	0	13	0	0	1	11	0	0	0	0	0	10	3	0	65
	后场	成功	19	0	0	0	0	0	0	0	0	0	0	3	13	14	0	0	0	6	14	6	20	75/20
		失误	8	0	0	0	0	0	0	0	0	0	0	9	10	4	1	2	0	1	3	0	0	38
	小计	成功	64	0	0	0	2	11	2	0	2	1	1	3	27	21	0	0	0	6	110	43	128	293/128
		失误	27	7	1	3	1	14	10	0	16	0	0	10	21	4	1	2	0	1	17	3	0	138

续表

		短直传	边路传中	回头球	边路斜传	斜传分边	个人突破	直传身后	中路传切	斜传身后	长传转移	横传转移	长直传	中直传	斜传边路	带球反击	长传反击	斜传转移	球门球	横传球	回传球	攻转守	合计
乌兹别克斯坦队	前场 成功	16	3	0	3	4	8	5	1	3	0	0	0	0	0	0	0	0	0	29	30	49	102/49
	前场 失误	5	5	0	4	0	18	5	0	1	0	0	0	0	0	0	0	0	0	3	1	0	42
	中场 成功	47	0	0	0	0	13	3	0	2	2	5	0	21	9	0	0	0	0	83	51	45	236/45
	中场 失误	7	0	0	0	0	7	11	0	2	0	1	0	4	1	0	0	0	0	2	1	0	36
	后场 成功	21	0	0	0	0	0	0	0	0	0	0	0	3	8	0	1	0	1	15	6	16	60/16
	后场 失误	11	0	0	0	0	0	0	0	0	0	0	7	15	5	2	2	1	2	2	1	0	48
	小计 成功	84	3	0	3	4	21	8	1	5	2	5	0	24	17	0	1	0	1	127	87	110	398/110
	小计 失误	23	5	0	4	0	25	16	0	3	0	1	7	19	6	2	2	1	2	7	3	0	126

在乌兹别克斯坦队过渡性技术使用中，横传球成功 127 次，失误 7 次，成功率为 94.78%；回传球成功 87 次，失误 3 次，成功率为 96.67%。乌兹别克斯坦队进攻中由攻转守 110 次，其中前场 49 次，中场 45 次，后场 16 次。

2.威胁性进攻技术行为分析

中国队对乌兹别克斯坦队比赛威胁性进攻技术运用情况如图 4-24 所示。在前场有威胁的进攻中，个人突破成功 6 次，失误 10 次，成功率为 37.50%；边路传中失误 7 次；回头球失误 1 次；边路斜传失误 3 次；直传身后成功 1 次，失误 3 次，成功率为 25.00%。在中场，个人突破成功 5 次，失误 4 次，成功率为 55.56%；斜传身后成功 2 次，失误 13 次，成功率为 13.33%；直传身后成功 1 次，失误 7 次，成功率为 12.50%。在后场，带球反击失误 1 次；长传反击失误 2 次。中国队在全场比赛中，所有威胁性进攻行为的成功率都很低，运用效果较好的只有前场的个人突破（成功率为 37.50%），这些数据显示中国队的进攻无法给对方造成威胁。

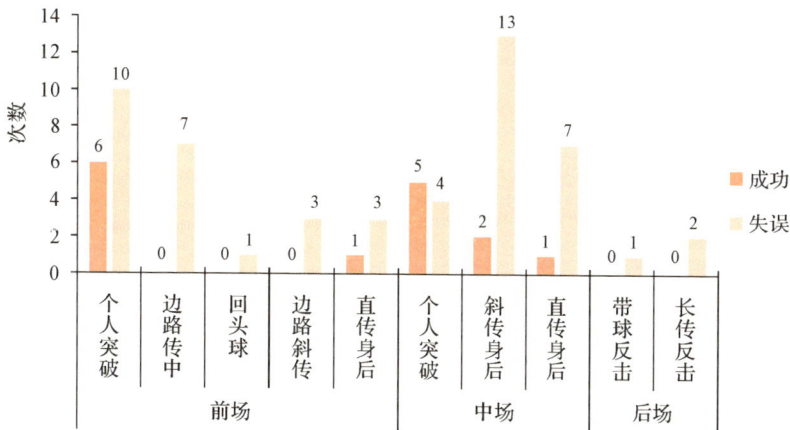

图 4-24　中国队对乌兹别克斯坦队比赛威胁性进攻技术运用情况

乌兹别克斯坦队对中国队比赛威胁性进攻技术运用情况如图 4-25 所示。在前场有威胁的进攻中，个人突破成功 8 次，失误 18 次，成功率为 30.77%；边路传中成功 3 次，失误 5

次,成功率为 37.50％;边路斜传成功 3 次,失误 4 次,成功率为 42.86％;直传身后成功 5 次,失误 5 次,成功率为 50.00％。在中场,个人突破成功 13 次,失误 7 次,成功率为 65.00％;斜传身后成功 2 次,失误 2 次,成功率为 50.00％;直传身后成功 3 次,失误 11 次,成功率为 21.43％。在后场,带球反击失误 2 次;长传反击成功 1 次,失误 2 次,成功率为 33.33％。乌兹别克斯坦队前场和中场的个人突破、直传身后的效果要好于中国队,但是其他威胁性的进攻指标也不高。

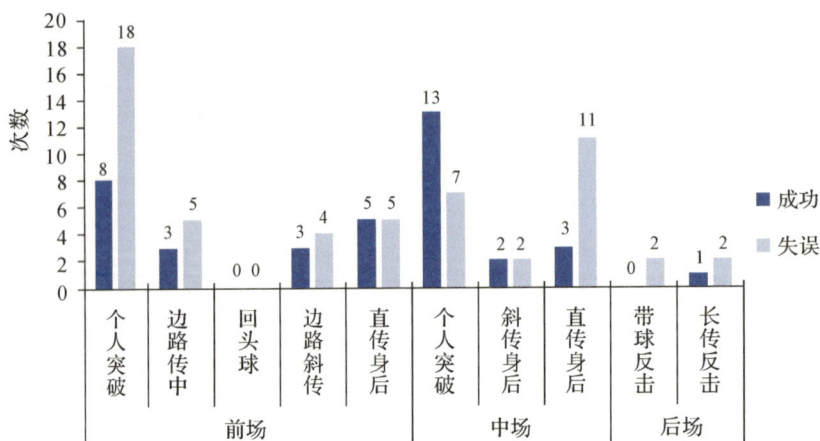

图 4-25　乌兹别克斯坦队对中国队比赛威胁性进攻技术运用情况

三、中国队与乌兹别克斯坦队比赛防守行为分析

(一)中国队与乌兹别克斯坦队比赛防守行为数据统计

1.各场区防守行为与时段

中国队与乌兹别克斯坦队比赛整体防守行为如表 4-32 所示。中国队全场比赛个人防守行为 678 次(无压 48 次),成功 380 次,失误 250 次,成功率为 56.05％;乌兹别克斯坦队为 604 次(无压 35 次),成功 349 次,失误 220 次,成功率为 57.78％。中国队全场个人防守次数略多于乌兹别克斯坦队,但效果一般。

其中,中国队前场个人防守 90 次(无压 15 次),成功 42 次,失误 33 次,成功率为 46.67％;乌兹别克斯坦队前场个人防守 105 次(无压 14 次),成功 52 次,失误 39 次,成功率为 49.52％。中国队中场个人防守 317 次(无压 32 次),成功 174 次,失误 111 次,成功率为 54.89％;乌兹别克斯坦队中场个人防守 306 次(无压 19 次),成功 164 次,失误 123 次,成功率为 53.59％。中国队后场个人防守 271 次(无压 1 次),成功 164 次,失误 106 次,成功率为 60.52％;乌兹别克斯坦队后场个人防守 193 次(无压 2 次),成功 133 次,失误 58 次,成功率为 68.91％。乌兹别克斯坦队前场防守积极主动,防守的次数多于中国队,成功率也高于中国队。中国队在后场的防守次数虽然较多,但是成功率却低于对手,防守的质量与对手还有一定的差距。

中国队小组防守 77 次,成功 59 次,失误 18 次,成功率为 76.62％;乌兹别克斯坦队小组防守 103 次,成功 75 次,失误 28 次,成功率为 72.82％。

其中,中国队前场小组防守成功 4 次,失误 1 次,成功率为 80.00%;乌兹别克斯坦队前场小组防守成功 12 次,失误 12 次,成功率为 50.00%。中国队中场小组防守成功 16 次,失误 7 次,成功率为 69.57%;乌兹别克斯坦队中场小组防守成功 23 次,失误 9 次,成功率为 71.88%。中国队后场小组防守成功 39 次,失误 10 次,成功率为 79.59%;乌兹别克斯坦队后场小组防守成功 40 次,失误 7 次,成功率为 85.11%。乌兹别克斯坦队在前场采取高压防守策略,投入的人员较多,中国队在前场小组防守的次数要明显少于对手。

表 4-32 中国队与乌兹别克斯坦队比赛各场区防守行为数据统计

单位:次

场地区域与防守类型			中国队				乌兹别克斯坦队			
			上半场		下半场		上半场		下半场	
			成功	失误	成功	失误	成功	失误	成功	失误
前场	左边	个人	6	2	2	3	10	4	11	7
		小组	1	0	0	0	0	0	3	2
	中路	个人	9	5	11	10	8	14	7	10
		小组	0	0	1	1	2	0	7	10
	右边	个人	11	7	3	6	5	2	11	2
		小组	2	0	0	0	0	0	0	0
	无压		9		6		6		8	
中场	左边	个人	28	12	16	13	24	14	27	18
		小组	4	3	3	1	5	3	3	1
	中路	个人	21	12	27	24	29	28	36	17
		小组	3	1	1	0	4	1	2	1
	右边	个人	38	22	44	28	15	21	33	25
		小组	2	2	3	0	5	2	4	1
	无压		22		10		3		16	
后场	左边	个人	12	7	21	13	25	7	8	8
		小组	6	0	4	2	8	1	3	1
	中路	个人	45	22	31	32	37	10	35	13
		小组	9	2	11	4	12	0	7	3
	右边	个人	27	16	28	16	18	11	10	9
		小组	6	1	3	1	5	2	5	0
	无压		0		1		0		2	
合计		个人	197	105	183	145	171	111	178	109
		小组	33	9	26	9	41	9	34	19
		无压	31		17		9		26	

2.防守对方射门与定位球进攻

中国队与乌兹别克斯坦队比赛防守射门与定位球数据统计如表 4-33 所示。中国队防守对方运动战禁区内射门 6 次(成功 1 次,失误 5 次,失 1 球),禁区外射门 6 次(成功 1 次,失误 5 次,失 1 球);防守右侧角球成功 1 次,失误 2 次;防守后场 30 米任意球成功 3 次,失误 2 次。中国队在运动战中,禁区内、外的防守失误较多,存在较大的问题。

乌兹别克斯坦队防守对方运动战禁区内射门失误 2 次;防守角球成功 3 次;防守后场 30 米任意球进攻成功 2 次。

表 4-33   中国队与乌兹别克斯坦队比赛防守射门与定位球数据统计

单位:次

| | | | 运动战 | | 角球 | | 后场 30 米任意球 | | | 点球 | 合计 |
			禁区内	禁区外	左侧	右侧	左侧	中路	右侧		
中国队	上半场	成功	1	1	0	0	0	0	2	0	4
		失误	2	1	0	0	0	0	0	0	3
		被进球	0	0	0	0	0	0	0	0	0
	下半场	成功	0	0	0	1	0	0	1	0	2
		失误	3	4	0	2	1	0	1	0	11
		被进球	1	1	0	0	0	0	0	0	2
乌兹别克斯坦队	上半场	成功	0	0	1	2	0	0	1	0	4
		失误	0	0	0	0	0	0	0	0	0
		被进球	0	0	0	0	0	0	0	0	0
	下半场	成功	0	0	0	0	1	0	0	0	1
		失误	2	0	0	0	0	0	0	0	2
		被进球	0	0	0	0	0	0	0	0	0

(二)中国队与乌兹别克斯坦队比赛防守态势变化

中国队与乌兹别克斯坦队比赛防守态势变化曲线如图 4-26 所示。中国队的防守在上

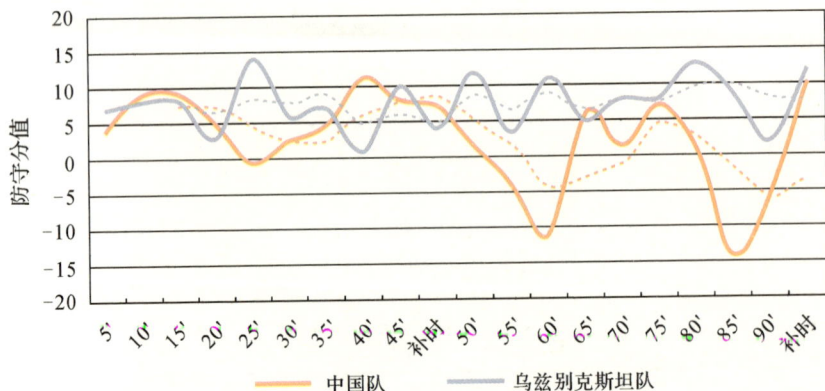

图 4-26   中国队与乌兹别克斯坦队比赛防守态势变化曲线

半场比较稳定,但在下半场开始至第 60 分钟和第 75 分钟至第 85 分钟两个时段出现了问题,分别被攻入 1 球。而乌兹别克斯坦队的防守要明显好于中国队,其防守曲线虽然也有小幅的起伏变化,但保持着较为稳定的态势。

(三)中国队与乌兹别克斯坦队比赛防守技术运用

中国队与乌兹别克斯坦队比赛防守技术行为统计如表 4-34 所示。在中国队个人主要防守技术行为中,施压成功 250 次,失误 194 次,成功率为 56.31%;无压 48 次;反抢成功 6 次,失误 8 次,成功率为 42.86%;1vs1 成功 9 次,失误 20 次,成功率为 31.03%;抢断成功 37 次,失误 2 次,成功率为 94.87%;争顶成功 18 次,失误 13 次,成功率为 58.06%。中国队主动施压的次数多于乌兹别克斯坦队,成功率略高于乌兹别克斯坦队,但反抢、1vs1 的次数均少于乌兹别克斯坦队,成功率也均低于乌兹别克斯坦队。

在小组防守中,中国队压迫成功 13 次,失误 11 次,成功率为 54.17%;保护成功 46 次,失误 7 次,成功率为 86.79%。中国队防守中由守转攻 82 次,其中前场 15 次,中场 27 次,后场 40 次。中国队在中场由守转攻的次数明显少于对方,对方中场防守的质量较高。

在乌兹别克斯坦队个人主要防守技术行为中,施压成功 186 次,失误 160 次,成功率为 53.76%;无压 35 次;反抢成功 13 次,失误 9 次,成功率为 59.09%;1vs1 成功 16 次,失误 20 次,成功率为 44.44%;抢断成功 39 次,失误 2 次,成功率为 95.12%;争顶成功 19 次,失误 24 次,成功率为 44.19%;解围成功 20 次,失误 2 次,成功率为 90.91%;封堵成功 1 次,失误 2 次,成功率为 33.33%。

在小组防守中,乌兹别克斯坦队压迫成功 15 次,失误 12 次,成功率为 55.56%;保护成功 53 次,失误 5 次,成功率为 91.38%。乌兹别克斯坦队防守中由守转攻 108 次,其中前场 18 次,中场 48 次,后场 42 次。

表 4-34　中国队与乌兹别克斯坦队比赛防守技术运用情况统计

单位:次

		施压	无压	反抢	1vs1	抢断	拦截	铲球	争顶	解围	封堵	压迫	保护	守转攻	合计
中国队	前场 成功	30	0	4	0	4	3	1	0	0	0	0	4	15	46/15
	前场 失误	30	15	3	0	0	0	0	0	0	0	1	0	0	49
	中场 成功	126	0	2	4	16	18	2	6	0	0	5	11	27	190/27
	中场 失误	86	32	5	8	0	0	1	11	0	0	6	1	0	150
	后场 成功	94	0	0	5	17	20	0	12	14	2	8	31	40	203/40
	后场 失误	78	1	0	12	2	0	0	2	5	7	4	6	0	117
	小计 成功	250	0	6	9	37	41	3	18	14	2	13	46	82	439/82
	小计 失误	194	48	8	20	2	0	1	13	5	7	11	7	0	316

续表

			施压	无压	反抢	1vs1	抢断	拦截	铲球	争顶	解围	封堵	压迫	保护	守转攻	合计
乌兹别克斯坦队	前场	成功	28	0	7	4	6	5	2	0	0	0	2	3	18	57/18
		失误	30	14	6	2	0	0	1	0	0	0	1	1	0	55
	中场	成功	107	0	4	2	19	22	0	10	0	0	5	18	48	187/48
		失误	90	19	3	11	0	0	0	19	0	0	6	2	0	150
	后场	成功	51	0	2	10	14	24	2	9	20	1	8	32	42	173/42
		失误	40	2	0	7	2	0	0	5	2	2	5	2	0	67
	小计	成功	186	0	13	16	39	51	4	19	20	1	15	53	108	417/108
		失误	160	35	9	20	2	0	1	24	2	2	12	5	0	272

(四)中国队与乌兹别克斯坦队比赛守门员技术比较

中国队与乌兹别克斯坦队比赛守门员技术统计如表 4-35 所示。中国队守门员(杨智)处理球共 11 次(成功 9 次,失误 2 次,失 2 球)。其中,扑接球成功 4 次;扑必进球成功 3 次,失误 2 次,失 2 球;防传中球成功 2 次。

乌兹别克斯坦队守门员(洛巴诺夫)处理球 12 次,均成功。其中,扑接球成功 3 次;扑必进球成功 2 次;扑单刀球成功 1 次;防传中球成功 4 次;出击抢断成功 2 次。

表 4-35　中国队与乌兹别克斯坦队比赛守门员技术统计

单位:次

			扑接球	扑必进球	扑单刀球	防传中球	出击抢断	点球防守	失球	合计
中国队	上半场	成功	2	1	0	0	0	0	0	3
		失误	0	0	0	0	0	0	0	0
	下半场	成功	2	2	0	2	0	0	0	6
		失误	0	2	0	0	0	0	2	2/2
乌兹别克斯坦队	上半场	成功	3	0	1	2	1	0	0	7
		失误	0	0	0	0	0	0	0	0
	下半场	成功	0	2	0	2	1	0	0	5
		失误	0	0	0	0	0	0	0	0

(五)中国队失球分析

本场比赛中国队 0∶2 负于乌兹别克斯坦队,第一个失球是在比赛进行到下半场第 49 分 30 秒时,杜威在后场左路头球解围失误被对方截获,乌兹别克斯坦队 23 号球员肖穆罗多夫将球传向中国队防线的薄弱处,对方 4 号球员比科莫耶夫插上将球推向远角进球,如图 4-27 所示。

中国队的第二个失球是在下半场第 84 分 45 秒时,乌兹别克斯坦队在左侧发出战术角球,18 号球员舒库洛得球后横向带球,摆脱了中国队球员的防守后,带球至大禁区弧处远射,球打到中国队球员身上改变方向进入中国队球门,如图 4-28 所示。

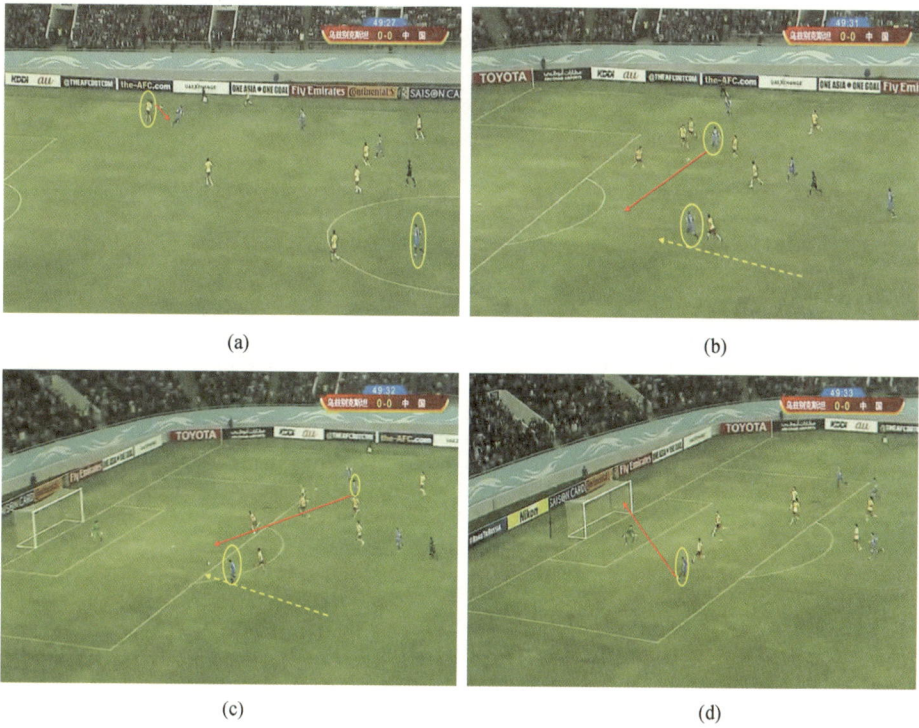

(a)

(b)

(c)

(d)

图 4-27 中国队与乌兹别克斯坦队比赛第一个失球

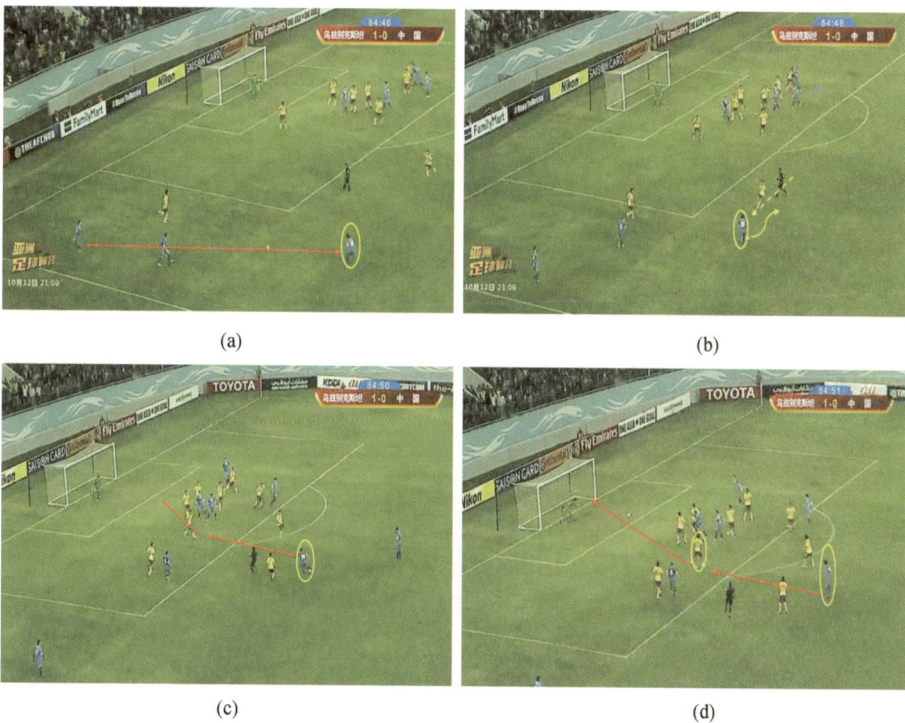

(a)

(b)

(c)

(d)

图 4-28 中国队与乌兹别克斯坦队比赛第二个失球

四、中国队与乌兹别克斯坦队比赛犯规情况

中国队与乌兹别克斯坦队比赛犯规数据统计如表 4-36 所示。中国队上半场犯规 5 次,越位 1 次;下半场犯规 9 次,黄牌 1 次,越位 1 次。乌兹别克斯坦队上半场犯规 8 次,黄牌 1 次,越位 1 次;下半场犯规 5 次,黄牌 1 次,越位 1 次。

双方的犯规数基本接近,中国队上半场犯规次数不多,但是下半场由于比分的落后,犯规次数明显增多。乌兹别克斯坦队上半场犯规次数较多,这说明该队上半场逼抢得比较凶狠,但在比分领先后,控制了防守的动作。

表 4-36　中国队与乌兹别克斯坦队比赛犯规数据统计

单位:次

		犯规	黄牌	红牌	越位
中国队	上半场	5	0	0	1
	下半场	9	1	0	1
乌兹别克斯坦队	上半场	8	1	0	1
	下半场	5	1	0	1

第五节　中国队(主场)与卡塔尔队
比赛技术实力分析

2016 年 11 月 15 日,2018 年俄罗斯世界杯亚洲区预选赛 12 强赛 A 组第 5 轮比赛中国队主场在昆明拓东体育场对阵卡塔尔队,比赛结果为 0∶0。由于前 4 轮比赛成绩不佳,中国队主教练高洪波下课。中国队与卡塔尔队的比赛是意大利籍的里皮接任中国队主教练后的首场比赛。

一、中国队与卡塔尔队出场阵容

本场比赛中国队采用 4-3-3 阵型,卡塔尔队采用 4-3-3 阵型(见图 4-29),具体比赛球员名单如表 4-37 所示。

表 4-37　中国队与卡塔尔队首发和替补队员名单

	中国队			卡塔尔队		
首发队员	颜骏凌	(1)	门将	希卜	(22)	门将
	姜至鹏	(3)	后卫	穆萨	(2)	后卫
	冯潇霆	(6)	后卫	卡索拉	(6)	后卫
	梅方	(2)	后卫	米格尔	(15)	后卫
	张琳芃	(5)	后卫	马耶德	(13)	后卫

续表

	中国队			卡塔尔队		
首发队员	黄博文	(16)	前卫	布阿穆勒	(16)	前卫
	郑智	(10)	前卫	鲍迪亚夫	(17)	前卫
	吴曦	(15)	前卫	儒尼奥尔	(18)	前卫
	张稀哲	(19)	前锋	索里亚	(23)	前锋
	张玉宁	(9)	前锋	哈伊多斯	(10)	前锋
	武磊	(7)	前锋	阿萨达拉	(8)	前锋
替补队员	曹赟定(18)64分钟⇆武磊(7)			罗德里格塔巴塔(7)57分钟⇆阿萨达拉(8)		
	于大宝(22)73分钟⇆张玉宁(9)			萨耶德(14)75分钟⇆哈伊多斯(10)		
	郜林(18)82分钟⇆黄博文(16)			哈米德(12)88分钟⇆穆萨(2)		

图4-29　中国队与卡塔尔队比赛阵型

二、中国队与卡塔尔队比赛进攻行为分析

(一)中国队与卡塔尔队比赛进攻行为数据统计

1.各区域进攻行为与时段

中国队与卡塔尔队比赛进攻行为数据统计如表4-38所示。中国队全场比赛进攻行为(不包括射门和定位球进攻,下同)480次,成功率为75.63%;卡塔尔队为310次,成功率为56.13%。中国队的进攻能力明显强于卡塔尔队。

　　其中,中国队前场进攻行为 119 次,成功 84 次,成功率为 70.59%;卡塔尔队为 28 次,成功 16 次,成功率为 57.14%。中国队中场进攻行为 262 次,成功 207 次,成功率为 79.01%;卡塔尔队为 140 次,成功 90 次,成功率为 64.29%。中国队后场进攻行为 99 次,成功 72 次,成功率为 72.73%;卡塔尔队为 142 次,成功 68 次,成功率为 47.89%。中国队本场比赛占据进攻的主导,前场和中场的进攻行为明显强于对手。卡塔尔队则采取防守反击战术,其进攻多数是在后场发动的。

　　中国队上半场进攻行为 254 次,成功 192 次,成功率为 75.59%;卡塔尔队为 158 次,成功 81 次,成功率为 51.27%。中国队下半场进攻行为 226 次,成功 171 次,成功率为 75.66%;卡塔尔队为 152 次,成功 93 次,成功率为 61.18%。中国队上、下半场的进攻次数均多于卡塔尔队。

表 4-38　中国队与卡塔尔队比赛各场区进攻行为统计

单位:次

			前场			中场			后场			合计
			左边	中路	右边	左边	中路	右边	左边	中路	右边	
中国队	上半场	成功	17	11	10	45	43	34	3	25	4	192
		失误	6	12	5	9	5	16	2	5	2	62
	下半场	成功	22	9	15	42	23	20	13	24	3	171
		失误	6	0	6	13	7	5	4	14	0	55
卡塔尔队	上半场	成功	3	1	6	20	10	10	6	21	4	81
		失误	1	2	3	10	13	7	9	26	6	77
	下半场	成功	1	4	1	22	18	10	10	17	10	93
		失误	1	4	1	6	6	8	4	24	5	59

　　2.射门与定位球进攻

　　中国队与卡塔尔队比赛射门与定位球进攻情况如表 4-39 所示。中国队运动战禁区内射门失误 10 次,禁区外射门 8 次(射正 2 次);左侧角球 8 次(失误 5 次,射门 3 次),右侧角球 6 次(失误 5 次,射门 1 次);前场 30 米任意球进攻 5 次(失误 3 次,射门 2 次)。全场比赛射正率为 11.11%。在本场比赛中,中国队尽管获得了较多的射门机会,但仍然缺乏破门的能力。

　　卡塔尔队全场比赛共射门 7 次,其中,运动战禁区内射门失误 1 次,禁区外射门 4 次(射正 3 次);左侧角球失误 1 次,右侧角球 2 次(失误 1 次,射门 1 次);前场 30 米任意球 5 次(失误 4 次,射门 1 次)。全场比赛射正率为 60.00%。

表 4-39　中国队与卡塔尔队比赛射门与定位球进攻数据统计

单位：次

		运动战		角球		前场 30 米任意球			点球	合计
		禁区内	禁区外	左侧	右侧	左侧	中路	右侧		
中国队	上半场 失误	0	0	1	3	1	1	0	0	6
	上半场 射门	6	4	1	0	1	1	0	0	10/3
	上半场 射正	0	0	0	0	0	0	0	0	0
	上半场 进球	0	0	0	0	0	0	0	0	0
	下半场 失误	0	0	4	2	0	1	0	0	7
	下半场 射门	4	4	2	1	0	0	0	0	8/3
	下半场 射正	0	2	0	0	0	0	0	0	2
	下半场 进球	0	0	0	0	0	0	0	0	0
卡塔尔队	上半场 失误	0	0	0	0	0	0	0	0	0
	上半场 射门	1	1	0	1	0	0	0	0	2/1
	上半场 射正	0	1	0	0	0	0	0	0	1
	上半场 进球	0	0	0	0	0	0	0	0	0
	下半场 失误	0	0	1	1	0	3	1	0	6
	下半场 射门	0	3	0	0	0	1	0	0	3/1
	下半场 射正	0	2	0	0	0	0	0	0	2
	下半场 进球	0	0	0	0	0	0	0	0	0

（二）中国队与卡塔尔队比赛进攻态势变化

中国队与卡塔尔队比赛进攻态势变化曲线如图 4-30 所示。本场比赛中国队的进攻自始至终占据着绝对优势，尤其是上半场，中国队优势更加明显，但是并没有能够突破卡塔尔队的大门。卡塔尔队下半场的进攻有所加强，但也始终是在"0"分线附近波动，并未能够给中国队造成威胁。

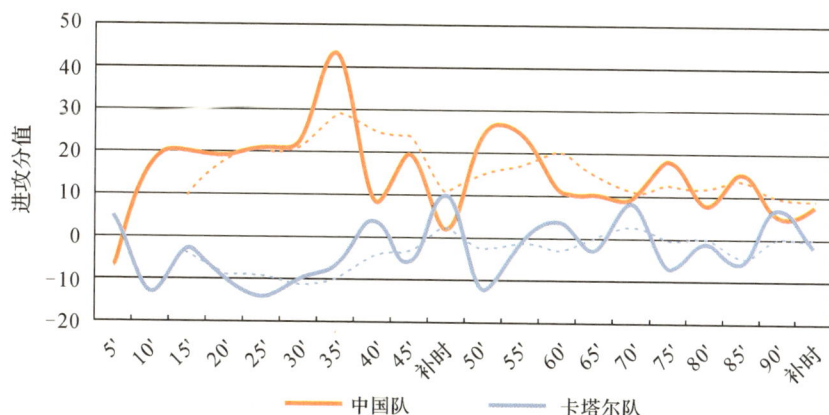

图 4-30　中国队与卡塔尔队比赛进攻态势变化曲线

(三)中国队与卡塔尔队比赛进攻技术行为运用

1.比赛进攻技术行为运用情况

中国队与卡塔尔队比赛进攻技术行为统计如表 4-40 所示。在中国队主要进攻性技术行为中,短直传成功 56 次,失误 19 次,成功率为 74.67%;边路传中成功 8 次,失误 8 次,成功率为 50.00%;个人突破成功 19 次,失误 14 次,成功率为 57.58%;直传身后成功 17 次,失误 17 次,成功率为 50.00%;斜传身后成功 10 次,失误 8 次,成功率为 55.56%;中直传成功 36 次,失误 19 次,成功率为 65.45%;斜传边路成功 25 次,失误 6 次,成功率为 80.65%。本场比赛,中国队的进攻手段较为多样化,短直传、个人突破、直传身后、斜传身后、中直传、斜传边路等的成功率都较高,这显示出了中国队在进攻上的进步。

在中国队过渡性技术使用中,横传球成功 113 次,失误 12 次,成功率为 90.40%;回传球成功 58 次,失误 1 次,成功率为 98.31%。中国队进攻中由攻转守 128 次,其中前场 68 次,中场 51 次,后场 9 次。中国队前场由攻转守的次数较多,受到了卡塔尔队的阻击。

在卡塔尔队主要进攻性技术行为中,短直传成功 36 次,失误 26 次,成功率为 58.06%;中直传成功 14 次,失误 16 次,成功率为 46.67%;斜传边路成功 10 次,失误 10 次,成功率为 50.00%;长传反击失误 6 次;球门球成功 7 次,失误 13 次,成功率为 35.00%。短直传、中直传和斜传边路等是卡塔尔队的主要进攻行为,其中只有短直传与斜传边路的效果较好。

在卡塔尔队过渡性技术使用中,横传球成功 54 次,失误 24 次,成功率为 69.23%;回传球成功 36 次,失误 3 次,成功率为 92.31%。卡塔尔队进攻中由攻转守 152 次,其中前场 33 次,中场 78 次,后场 41 次。本场比赛,中国队在中场和后场加强了逼抢,造成卡塔尔队中、后场的攻转守次数较多。

表 4-40　中国队与卡塔尔队进攻技术行为统计

单位:次

		短直传	边路传中	回头球	边路斜传	斜传分边	个人突破	直传身后	中路传切	斜传身后	长传转移	横传转移	长直传	中直传	斜传边路	带球反击	长传反击	斜传转移	球门球	横传球	回传球	攻转守	合计
前场	成功	6	8	1	1	2	14	9	1	2	0	0	0	0	0	0	0	0	0	29	11	68	84/68
	失误	2	8	0	0	0	10	5	1	2	0	0	0	0	0	0	0	0	0	7	0	0	35
中场	成功	33	0	0	0	0	5	8	0	8	3	3	0	26	10	0	0	0	0	70	41	51	207/51
	失误	12	0	0	0	0	4	12	0	6	0	0	0	15	0	0	0	0	0	5	1	0	55
后场	成功	17	0	0	0	0	0	0	0	0	0	0	2	10	15	4	0	1	3	14	6	9	72/9
	失误	5	0	0	0	0	0	0	0	0	0	0	0	3	4	6	0	8	0	1	0	0	27
小计	成功	56	8	1	1	2	19	17	1	10	3	3	2	36	25	4	0	1	3	113	58	128	363/128
	失误	19	8	0	0	0	14	17	1	8	0	0	0	19	6	0	8	0	1	12	1	0	117

(中国队)

续表

			短直传	边路传中	回头球	边路斜传	斜传分边	个人突破	直传身后	中路传切	斜传身后	长传转移	横传转移	长直传	中直传	斜传边路	带球反击	长传反击	斜传转移	球门球	横传球	回传球	攻转守	合计
卡塔尔队	前场	成功	0	1	0	0	0	3	0	0	0	0	0	0	0	0	0	0	0	0	7	5	33	16/33
		失误	2	1	0	2	0	2	2	0	0	0	0	0	0	0	0	0	0	0	3	0	0	12
	中场	成功	19	0	0	0	0	6	0	0	0	1	0	1	8	3	0	0	0	0	27	25	78	90/78
		失误	12	0	0	0	0	4	11	0	3	1	0	1	7	2	0	0	0	0	7	2	0	50
	后场	成功	17	0	0	0	0	0	0	0	0	0	0	3	6	7	2	0	0	7	20	6	41	68/41
		失误	12	0	0	0	0	0	0	0	0	0	0	7	9	8	3	6	1	13	14	1	0	74
	小计	成功	36	1	0	0	0	9	0	0	0	1	0	4	14	10	2	0	0	7	54	36	152	174/152
		失误	26	1	0	2	0	6	13	0	3	1	0	8	16	10	3	6	1	13	24	3	0	136

2. 威胁性进攻技术行为分析

中国队对卡塔尔队比赛威胁性进攻技术运用情况如图 4-31 所示。在前场有威胁的进攻中，个人突破成功 14 次，失误 10 次，成功率为 58.33%；边路传中成功 8 次，失误 8 次，成功率为 50.00%；回头球成功 1 次；边路斜传成功 1 次；直传身后成功 9 次，失误 5 次，成功率为 64.29%。在中场，个人突破成功 5 次，失误 4 次，成功率为 55.56%；斜传身后成功 8 次，失误 6 次，成功率为 57.14%；直传身后成功 8 次，失误 12 次，成功率为 40.00%。在后场，带球反击成功 4 次；长传反击失误 8 次。本场比赛中，中国队前场个人突破、边路传中、直传身后和中场的个人突破、斜传身后及后场的带球反击均有良好的效果，这表明中国队威胁性的进攻有了较为明显的进步。

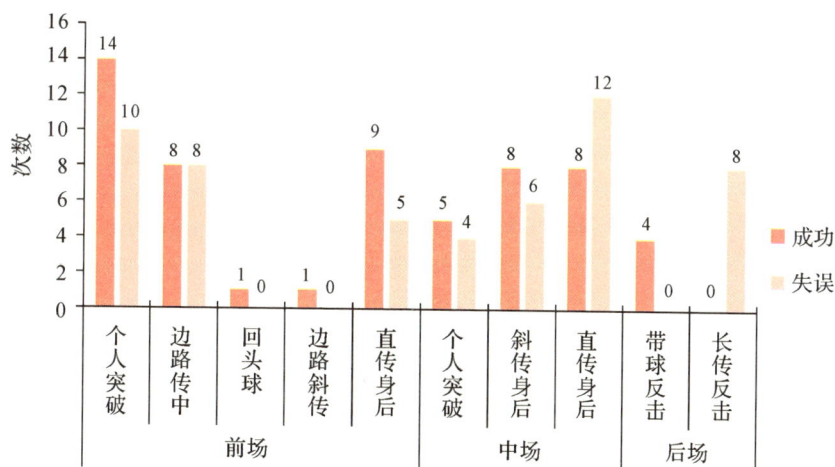

图 4-31　中国队对卡塔尔队比赛威胁性进攻技术运用情况

卡塔尔队对中国队比赛威胁性进攻技术运用情况如图 4-32 所示。在前场有威胁的进攻中，个人突破成功 3 次，失误 2 次，成功率为 60.00％；边路传中成功 1 次，失误 1 次，成功率为 50.00％；边路斜传失误 2 次，直传身后失误 2 次。在中场，个人突破成功 6 次，失误 4 次，成功率为 60.00％；斜传身后失误 3 次；直传身后失误 11 次。在后场，带球反击成功 2 次，失误 3 次，成功率为 40.00％；长传反击失误 6 次。

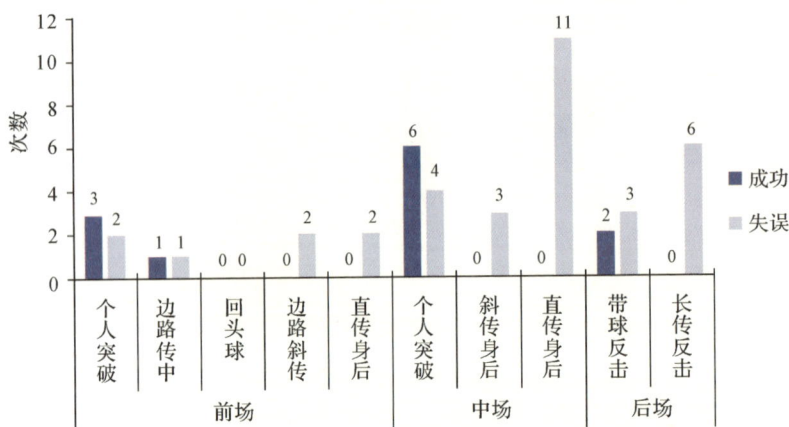

图 4-32　卡塔尔队对中国队比赛威胁性进攻技术运用情况

三、中国队与卡塔尔队比赛防守行为分析

（一）中国队与卡塔尔队比赛防守行为数据统计

1.各场区防守行为与时段

中国队与卡塔尔队比赛整体防守行为如表 4-41 所示。中国队全场比赛个人防守行为 493 次（无压 16 次），成功 341 次，失误 136 次，成功率为 69.17％；卡塔尔队为 699 次（无压 32 次），成功 418 次，失误 249 次，成功率为 59.80％。中国队全场个人防守次数明显少于卡塔尔队，但成功率要高于对手。

其中，中国队前场个人防守 108 次（无压 12 次），成功 53 次，失误 43 次，成功率为 49.07％；卡塔尔队前场个人防守 77 次（无压 13 次），成功 27 次，失误 37 次，成功率为 35.06％。中国队中场个人防守 266 次（无压 4 次），成功 188 次，失误 74 次，成功率为 70.68％；卡塔尔队中场个人防守 321 次（无压 18 次），成功 189 次，失误 114 次，成功率为 58.88％。中国队后场个人防守 119 次（无压 0 次），成功 100 次，失误 19 次，成功率为 84.03％；卡塔尔队后场个人防守 301 次（无压 1 次），成功 202 次，失误 98 次，成功率为 67.11％。本场比赛，中国队防守区域扩大到了前场，防守的次数多于对手，成功率高于对手。卡塔尔队的中场和后场次数要多于中国队，但其成功率却较低，中国队的个人防守能力有所提高。

中国队小组防守 94 次，成功 65 次，失误 29 次，成功率为 69.15％；卡塔尔队为 130 次，成功 92 次，失误 38 次，成功率为 70.77％。

其中，中国队前场小组防守成功 6 次，失误 1 次，成功率为 85.71％；卡塔尔队前场小组防守失误 1 次。中国队中场小组防守成功 32 次，失误 23 次，成功率为 58.18％；卡塔尔队中场小组防守成功 22 次，失误 18 次，成功率为 55.00％。中国队后场小组防守成功 27 次，失误 5 次,成功率为 84.38％;卡塔尔队后场小组防守成功 70 次,失误 19 次,成功率为 78.65％。中国队前场的小组防守效果较好,卡塔尔队则放弃了前场的防守。

表 4-41　中国队与卡塔尔队比赛各场区防守行为数据统计

单位:次

场地区域与防守类型			中国队				卡塔尔队			
			上半场		下半场		上半场		下半场	
			成功	失误	成功	失误	成功	失误	成功	失误
前场	左边	个人	8	5	8	2	1	2	1	2
		小组	2	1	0	0	0	0	0	0
	中路	个人	15	15	10	6	9	10	8	16
		小组	1	0	0	0	0	1	0	0
	右边	个人	5	10	7	5	2	2	6	5
		小组	1	0	2	0	0	0	0	0
	无压		8		4		6		7	
中场	左边	个人	21	7	34	8	37	23	28	15
		小组	4	3	5	4	6	4	2	3
	中路	个人	33	12	17	19	34	30	27	8
		小组	7	2	2	3	3	6	4	1
	右边	个人	49	13	34	15	30	21	33	17
		小组	9	9	5	2	5	0	2	4
	无压		2		2		13		5	
后场	左边	个人	16	0	14	2	30	6	18	12
		小组	3	0	3	2	10	2	4	3
	中路	个人	27	7	37	6	58	30	43	15
		小组	7	0	12	2	22	5	14	3
	右边	个人	6	1	0	3	19	19	34	16
		小组	2	1	0	0	10	4	10	2
	无压		0		0		1		0	
合计		个人	180	70	161	66	220	143	198	106
		小组	36	16	29	13	56	22	36	16
		无压	10		6		20		12	

2.防守对方射门与定位球进攻

中国队与卡塔尔队比赛防守射门与定位球数据统计如表 4-42 所示。中国队防守对方运动战禁区内射门失误 2 次，禁区外射门失误 1 次；防守左侧角球失误 1 次；防守后场 30 米任意球成功 6 次，失误 1 次。中国队在运动战禁区内、外的防守均为失误，存在较大的问题，但对定位球的防守相对比较好。

卡塔尔队防守对方运动战禁区内射门 4 次（成功 3 次，失误 1 次），禁区外射门 6 次（成功 2 次，失误 4 次）；防守角球 13 次（成功 10 次，失误 3 次）；防守后场 30 米任意球进攻 5 次（成功 3 次，失误 2 次）。

表 4-42　中国队与卡塔尔队比赛防守射门与定位球数据统计

单位：次

		运动战		角球		后场 30 米任意球			点球	合计
		禁区内	禁区外	左侧	右侧	左侧	中路	右侧		
中国队	上半场 成功	0	0	0	0	0	0	0	0	0
	上半场 失误	1	1	1	0	0	0	0	0	3
	上半场 被进球	0	0	0	0	0	0	0	0	0
	下半场 成功	0	0	0	0	3	3	0	0	6
	下半场 失误	1	0	0	0	0	1	0	0	2
	下半场 被进球	0	0	0	0	0	0	0	0	0
卡塔尔队	上半场 成功	2	1	2	2	0	1	1	0	9
	上半场 失误	0	2	1	0	1	1	0	0	5
	上半场 被进球	0	0	0	0	0	0	0	0	0
	下半场 成功	1	1	2	4	0	1	0	0	9
	下半场 失误	1	2	1	1	0	0	0	0	5
	下半场 被进球	0	0	0	0	0	0	0	0	0

（二）中国队与卡塔尔队比赛防守态势变化

中国队与卡塔尔队比赛防守态势变化曲线如图 4-33 所示。从曲线上看，中国队本场比

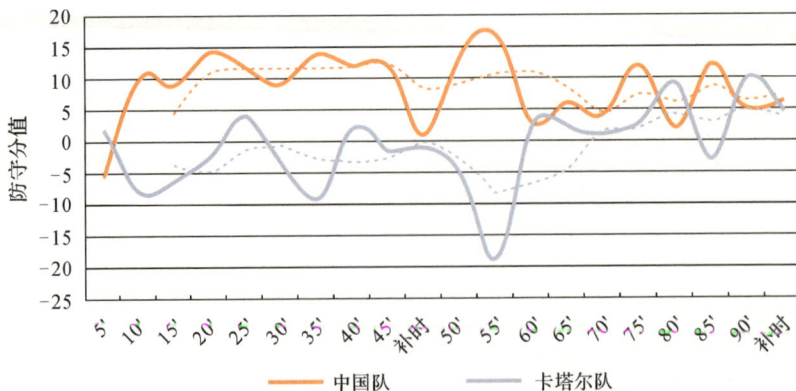

图 4-33　中国队与卡塔尔队比赛防守态势变化曲线

赛的防守明显强于卡塔尔队,整场比赛较为稳定,尤其是上半场防守有较大的优势。卡塔尔队的防守值绝大部分时间处于负值,下半场第65分钟以后,其防守有所提高。

（三）中国队与卡塔尔队比赛防守技术运用

中国队与卡塔尔队比赛防守技术行为统计如表4-43所示。在中国队个人主要防守技术行为中,施压成功173次,失误96次,成功率为64.31%;无压16次;反抢成功15次,失误15次,成功率为50.00%;1vs1成功16次,失误12次,成功率为57.14%;抢断成功34次,失误5次,成功率为87.18%;争顶成功16次,失误4次,成功率为80.00%。中国队主动施压、1v1、抢断、争顶的成功率均高于卡塔尔队,但反抢的成功率低于卡塔尔队。在个人防守的关键性技术中,中国队有了较大的进步。

在小组防守中,中国队压迫成功12次,失误18次,成功率为40.00%;保护成功53次,失误11次,成功率为82.81%。中国队防守中由守转攻137次,其中前场36次,中场68次,后场33次。

在卡塔尔队个人主要防守技术行为中,施压成功231次,失误196次,成功率为54.10%;无压32次;反抢成功6次,失误4次,成功率为60.00%;1vs1成功21次,失误20次,成功率为51.22%;抢断成功35次,失误12次,成功率为74.47%;争顶成功21次,失误8次,成功率为72.41%;解围成功24次,失误2次,成功率为92.31%;封堵成功6次,失误6次,成功率为50.00%。

在小组防守中,卡塔尔队压迫成功16次,失误20次,成功率为44.44%;保护成功76次,失误18次,成功率为80.85%。卡塔尔队防守中由守转攻104次,其中前场8次,中场41次,后场55次。可以看出,卡塔尔队防守中解围和保护的效果还可以。

表 4-43　中国队对卡塔尔队比赛防守技术运用情况统计

单位:次

		施压	无压	反抢	1vs1	抢断	拦截	铲球	争顶	解围	封堵	压迫	保护	守转攻	合计
前场	成功	30	0	7	2	4	9	1	0	0	0	1	5	36	59/36
	失误	30	12	9	3	1	0	0	0	0	0	1	0	0	56
中场	成功	104	0	8	8	19	42	1	6	0	0	7	25	68	220/68
	失误	54	4	6	6	3	0	1	4	0	0	15	8	0	101
后场	成功	39	0	0	6	11	17	1	10	15	1	4	23	33	127/33
	失误	12	0	0	3	1	0	0	0	0	2	3	0	24
小计	成功	173	0	15	16	34	68	3	16	15	1	12	53	137	406/137
	失误	96	16	15	12	5	0	1	4	0	3	18	11	0	181

中国队 (行标签，位于左侧)

续表

		施压	无压	反抢	1vs1	抢断	拦截	铲球	争顶	解围	封堵	压迫	保护	守转攻	合计
前场	成功	20	0	3	1	1	2	0	0	0	0	0	0	8	27/8
	失误	32	13	3	1	1	0	0	0	0	0	0	1	0	51
中场	成功	127	0	3	4	19	28	0	8	0	0	7	15	41	211/41
	失误	94	18	1	7	8	0	0	4	0	0	12	6	0	150
后场	成功	84	0	0	16	15	40	4	13	24	6	9	61	55	272/55
	失误	70	1	0	12	3	0	1	4	2	6	8	11	0	118
小计	成功	231	0	6	21	35	70	4	21	24	6	16	76	104	510/104
	失误	196	32	4	20	12	0	1	8	2	6	20	18	0	319

(卡塔尔队)

(四)中国队与卡塔尔队比赛守门员技术比较

中国队与卡塔尔队比赛守门员技术统计如表 4-44 所示。中国队守门员(颜骏凌)处理球共 9 次,均成功。其中,扑接球成功 5 次;扑必进球成功 2 次;出击抢断成功 2 次。中国队门将发挥稳定,竞技状态良好,确保了球门不失。

卡塔尔队守门员(希卜)处理球 6 次,成功 5 次,失误 1 次,成功率为 83.33%。其中,扑接球成功 2 次;扑必进球成功 1 次;防传中球 2 次(成功 1 次,失误 1 次);出击抢断成功 1 次。

表 4-44 中国队与卡塔尔队比赛守门员技术统计

单位:次

			扑接球	扑必进球	扑单刀球	防传中球	出击抢断	点球防守	失球	合计
中国队	上半场	成功	1	1	0	0	1	0	0	3
		失误	0	0	0	0	0	0	0	0
	下半场	成功	4	1	0	0	1	0	0	6
		失误	0	0	0	0	0	0	0	0
卡塔尔队	上半场	成功	1	0	0	0	1	0	0	2
		失误	0	0	0	1	0	0	0	1
	下半场	成功	1	1	0	1	0	0	0	3
		失误	0	0	0	0	0	0	0	0

四、中国队与卡塔尔队比赛犯规情况

中国队与卡塔尔队比赛犯规数据统计如表 4-45 所示。中国队上半场犯规 6 次,越位 2 次;下半场犯规 15 次,黄牌 1 次,越位 2 次。卡塔尔队上半场犯规 10 次;下半场犯规 8 次,黄牌 3 次,越位 1 次。

　　本场比赛双方队员拼抢都比较凶狠,中国队在下半场的防守犯规次数明显增多,主要是卡塔尔队加快了进攻的节奏。卡塔尔队在上、下半场都保持着凶狠的逼抢,这是卡塔尔队固有的比赛作风。

表 4-45　中国队与卡塔尔队比赛犯规数据统计

单位:次

		犯规	黄牌	红牌	越位
中国队	上半场	6	0	0	2
	下半场	15	1	0	2
卡塔尔队	上半场	10	0	0	0
	下半场	8	3	0	1

第五章 中国队技术实力综合分析

第一节 中国队 2016 年比赛概况

2016 年,中国队共参加了 9 场比赛,分别为 2018 年俄罗斯世界杯亚洲区预选赛 40 强赛 2 场、热身赛 2 场和预选赛 12 强赛 5 场。其中,胜 3 场,负 4 场,平 2 场,进 12 球,失 9 球(包括 1 个乌龙球)。杨旭进 3 球;姜宁和张玉宁各进 2 球;黄博文、武磊、胡人天、于海和蒿俊闵各进 1 球,如表 5-1 所示。

表 5-1 中国队 2016 年参加的比赛概况

时间	地点	比赛	比赛对手	阵形	结果	实力系数	进球队员
3 月 24 日	武汉	40 强赛	马尔代夫队	4-2-3-1	4 : 0	3.68	姜宁(1 球) 杨旭(3 球)
3 月 29 日	西安	40 强赛	卡塔尔队(40 强赛)	4-2-3-1	2 : 0	1.71	黄博文(1 球) 武磊(1 球)
6 月 3 日	秦皇岛	热身赛	特立尼达和多巴哥队	4-4-2	4 : 2	1.91	姜宁(1 球) 张玉宁(2 球) 胡人天(1 球)
6 月 7 日	大连	热身赛	哈萨克斯坦队	4-2-3-1	0 : 1	0.82	
9 月 1 日	首尔	12 强赛	韩国队	4-5-1	2 : 3	0.77	于海(1 球) 蒿俊闵(1 球)
9 月 6 日	沈阳	12 强赛	伊朗队	5-4-1	0 : 0	0.49	
10 月 6 日	西安	12 强赛	叙利亚队	4-2-3-1	0 : 1	0.86	
10 月 11 日	塔什干	12 强赛	乌兹别克斯坦队	4-2-3-1	0 : 2	0.34	
11 月 15 日	昆明	12 强赛	卡塔尔队(12 强赛)	4-3-3	0 : 0	1.77	

表 5-1 中的实力系数是根据比赛双方的进球数、失球数、射门数和被射门数构建的一个综合值(第一章第三节),反映了双方技术实力的发挥情况。中国队参加的 9 场比赛中,实力系数最大的为 3.68(40 强赛对阵马尔代夫队),最小的是 0.34(12 强赛对阵乌兹别克斯坦队)。

2016 年中国队共有 34 人上场比赛(见表 5-2),其中首发最多的是冯潇霆(9 次),其次是赵明剑、武磊、张琳芃和任航(7 次),第三为蒿俊闵(6 次)。替补出场最多的是黄博文、郜林和于大宝(3 次),其次是蒿俊闵、张玉宁、杨旭和姜至鹏(2 次)。

表 5-2　中国队比赛上场队员情况

编号	队员	首发次数	替补次数	编号	队员	首发次数	替补次数
1	冯潇霆	9	0	18	郑智	2	0
2	赵明剑	7	1	19	姜至鹏	1	2
3	武磊	7	1	20	蔡慧康	1	1
4	张琳芃	7	0	21	张呈栋	1	1
5	任航	7	0	22	于汉超	1	1
6	蒿俊闵	6	2	23	顾超	1	1
7	黄博文	5	3	24	丁海峰	1	0
8	于海	5	1	25	王大雷	1	0
9	曾诚	5	0	26	杨智	1	0
10	李学鹏	5	0	27	荣昊	1	0
11	姜宁	4	1	28	梅方	1	0
12	吴曦	4	1	29	杜威	1	0
13	张玉宁	3	2	30	顾骏凌	1	0
14	张稀哲	3	1	31	于大宝	0	3
15	郜林	2	3	32	颜骏凌	0	1
16	杨旭	2	2	33	胡人天	0	1
17	孙可	2	1	34	曹赟定	0	1

上场比赛(首发＋替补)超过 6 次的有 8 人(冯潇霆、赵明剑、武磊、张琳芃、任航、蒿俊闵、黄博文、于海);超过 3 次的有 11 人(曾诚、李学鹏、姜宁、吴曦、张玉宁、张稀哲、郜林、杨旭、孙可、姜至鹏、于大宝)。可以看出,以上 19 人应该是中国队 2016 年参加比赛的重点队员。

第二节　中国队进攻技术实力综合分析

由于马尔代夫队实力较弱,故在以下进攻和防守技术实力分析中不包含中国队与马尔代夫队的比赛数据。

一、进攻技术行为综合分析

中国队进攻技术行为分析如表 5-3 所示。前场进攻技术行为成功均值为 52.50 次,失误均值为 33.25 次,成功率均值为 60.83%;中场进攻技术行为成功均值为 219.63 次,失误均值为 61.25 次,成功率均值为 76.58%;后场进攻技术行为成功均值为 72.13 次,失误均值为 34.38 次,成功率均值为 67.38%;全场进攻技术行为成功均值为 344.25 次,失误均值为 128.88 次,成功率均值为 71.55%。

表 5-3 中国队进攻技术行为分析(N＝8)

		均值	标准差	极小值	极大值
前场	成功/次	52.50	21.01	28.00	84.00
	失误/次	33.25	14.23	17.00	62.00
	成功率/%	60.83	12.00	44.14	72.04
中场	成功/次	219.63	81.14	76.00	353.00
	失误/次	61.25	15.79	44.00	92.00
	成功率/%	76.58	7.59	63.33	86.90
后场	成功/次	72.13	19.13	34.00	91.00
	失误/次	34.38	12.28	21.00	59.00
	成功率/%	67.38	9.52	48.57	80.00
全场	成功/次	344.25	107.02	154.00	514.00
	失误/次	128.88	24.99	99.00	179.00
	成功率/%	71.55	7.23	60.87	81.33

图 5-1 是中国队比赛前场、中场和后场进攻技术行为成功率的比较。中国队在比赛中前场成功率最低,且波动较大;中场的成功率是最高的,并相对平稳;后场的成功率介于前场和中场之间,但起伏变化较大,尤其与韩国队比赛,后场进攻的成功率仅为 48.57%。中国队 8 场比赛进攻技术行为数据如表 5-4 所示。

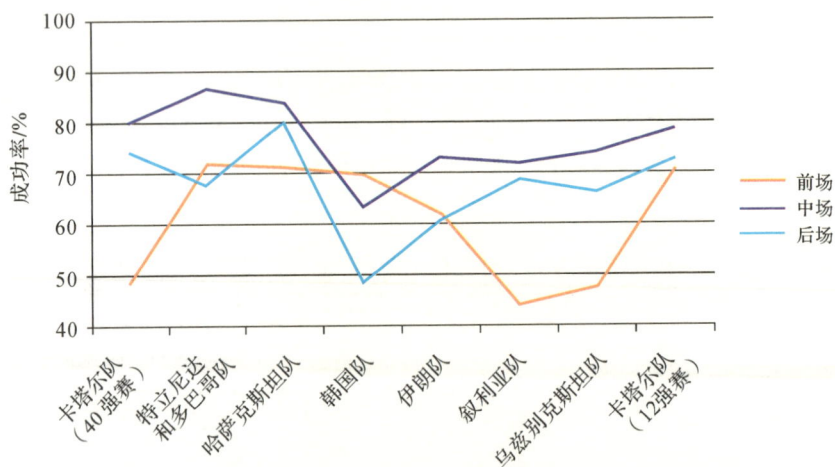

图 5-1 中国队比赛前场、中场和后场进攻技术行为成功率比较

表 5-4 中国队进攻技术行为数据统计

对手	前场			中场			后场			全场		
	成功/次	失误/次	成功率/%	成功/次	失误/次	成功率/%	成功/次	失误/次	成功率/%	成功/次	失误/次	成功率/%
卡塔尔队(40强赛)	39	41	48.75	220	54	80.29	77	27	74.04	336	122	73.36
特立尼达和多巴哥队	67	26	72.04	292	44	86.90	89	42	67.94	448	112	80.00
哈萨克斯坦队	77	31	71.30	353	66	84.25	84	21	80.00	514	118	81.33
韩国队	44	19	69.84	76	44	63.33	34	36	48.57	154	99	60.87
伊朗队	28	17	62.22	189	70	72.97	91	59	60.67	308	146	67.84
叙利亚队	49	62	44.14	234	92	71.78	55	25	68.75	338	179	65.38
乌兹别克斯坦队	32	35	47.76	186	65	74.10	75	38	66.37	293	138	67.98
卡塔尔队(12强赛)	84	35	70.59	207	55	79.01	72	27	72.73	363	117	75.63

二、射门和定位球进攻综合分析

中国队射门和定位球进攻分析如表 5-5 所示。每场比赛平均角球 5.88 次,前场 30 米任意球 4 次,射门为 10.88 次,射正为 3.63 次,射正率为 37.73%,平均每场进 1 球,进球率为 7.13%。中国队 8 场比赛射门和定位球进攻数据如表 5-6 所示。

表 5-5 中国队射门和定位球进攻分析($N=8$)

	均值	标准差	极小值	极大值
角球/次	5.88	3.36	4	14
前场 30 米任意球/次	4.00	2.27	1	8
射门/次	10.88	7.06	2	24
射正/次	3.63	3.62	0	10
射正率/%	37.73	35.81	0	100
进球/个	1.00	1.51	0	4
进球率/%	7.13	10.23	0	25

表 5-6　中国队射门和定位球进攻数据统计

对手	运动战 禁区内			运动战 禁区外			角球				前场 30 米 任意球				点球		合计				
	射门 /次	射正 /次	进球 /个	射门 /次	射正 /次	进球 /个	射门 /次	射正 /次	进球 /个	失误 /次	射门 /次	射正 /次	进球 /个	失误 /次	成功 /次	失误 /次	射门 /次	射正 /次	射正率 /%	进球 /个	进球率 /%
卡塔尔队 (40 强赛)	5	5	1	6	3	1	1	0	0	4	1	0	0	1	0	0	13	8	72.72	2	15.38
特立尼达 和多巴哥队	10	9	4	2	1	0	3	2	0	3	1	0	0	2	0	0	16	10	83.33	4	25.00
哈萨克斯 坦队	4	3	0	2	1	0	0	0	0	4	3	0	0	6	0	0	9	4	66.67	0	0.00
韩国队	7	3	1	2	0	0	1	1	0	4	2	0	1	3	0	0	12	3	33.33	2	16.67
伊朗队	1	0	0	3	0	0	0	0	0	4	0	0	0	3	0	0	4	0	0.00	0	0.00
叙利亚队	2	0	0	4	0	0	0	0	0	5	1	0	0	3	0	0	7	0	0.00	0	0.00
乌兹别克 斯坦队	2	2	0	0	0	0	0	0	0	4	0	0	0	1	0	0	2	2	100.00	0	0.00
卡塔尔队 (12 强赛)	10	0	0	8	2	0	4	3	0	10	2	0	0	3	0	0	24	2	11.11	0	0.00

注：射正率＝[射正次数/（禁区内射门次数＋禁区外射门次数）]×100%。

第三节　中国队防守技术实力综合分析

一、个人防守综合分析

中国队个人防守分析如表 5-7 所示。前场个人防守成功均值为 40.75 次,失误均值为 56.38 次,成功率均值为 41.58%;中场个人防守成功均值为 199.88 次,失误均值为 146.25 次,成功率均值为 58.32%;后场个人防守成功均值为 133.38 次,失误均值为 67.63 次,成功率均值为 67.98%;全场个人防守成功均值为 374.00 次,失误均值为 270.25 次,成功率均值为 58.55%。

表 5-7　中国队个人防守分析(N=8)

		均值	标准差	极小值	极大值
前场	成功/次	40.75	10.31	24.00	53.00
	失误/次	56.38	7.60	45.00	67.00
	成功率/%	41.58	7.54	30.38	49.07
中场	成功/次	199.88	26.53	164.00	243.00
	失误/次	146.25	41.17	78.00	196.00
	成功率/%	58.32	8.01	48.38	70.68
后场	成功/次	133.38	39.68	88.00	194.00
	失误/次	67.63	67.63	19.00	110.00
	成功率/%	67.98	67.98	60.36	84.03
全场	成功/次	374.00	41.48	329.00	451.00
	失误/次	270.25	67.09	152.00	354.00
	成功率/%	58.55	5.69	52.87	69.17

图 5-2 是中国队比赛前场、中场和后场个人防守成功率的比较。前场成功率最低,但相对不平稳。中国队对特立尼达和多巴哥队的前场防守成功率比较低,而对哈萨克斯坦队的前场防守成功率则较高。中场的成功率要高于前场,但低于后场,对叙利亚队和卡塔尔队(12 强赛)的中场防守较为成功。后场的成功率最高,起伏变化也是最小的,对卡塔尔队(12 强赛)的后场防守较为成功。中国队 8 场比赛个人防守数据如表 5-8 所示。

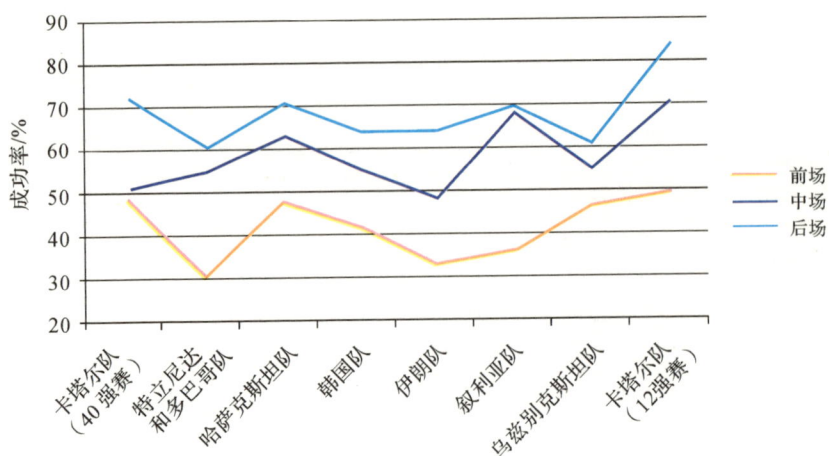

图 5-2　中国队比赛前场、中场和后场个人防守成功率比较

表 5-8　中国队个人防守行为数据统计

对手	前场			中场			后场			全场		
	成功/次	失误/次	成功率/%	成功/次	失误/次	成功率/%	成功/次	失误/次	成功率/%	成功/次	失误/次	成功率/%
卡塔尔队(40 强赛)	42	45	48.28	185	176	51.25	102	40	71.83	329	261	55.76
特立尼达和多巴哥队	24	55	30.38	210	172	54.97	102	67	60.36	336	294	53.33
哈萨克斯坦队	51	56	47.66	221	129	63.14	88	37	70.40	360	222	61.86
韩国队	48	67	41.74	243	196	55.35	160	91	63.75	451	354	56.02
伊朗队	29	60	32.58	164	175	48.38	194	110	63.82	387	345	52.87
叙利亚队	37	65	36.27	214	101	67.94	157	70	69.16	408	236	63.35
乌兹别克斯坦队	42	48	46.67	174	143	54.89	164	107	60.52	380	298	56.05
卡塔尔队(12 强赛)	53	55	49.07	188	78	70.68	100	19	84.03	341	152	69.17

二、小组防守综合分析

中国队比赛小组防守分析如表 5-9 所示。前场小组防守成功均值为 2.25 次,失误均值为 1.25 次,成功率均值为 56.13%;中场小组防守成功均值为 18.13 次,失误均值为 10.25 次,成功率均值为 63.80%;后场小组防守成功均值为 24.13 次,失误均值为 8.50 次,成功率均值为 73.80%;全场小组防守成功均值为 44.50 次,失误均值为 20.00 次,成功率均值为 68.45%。

表 5-9　中国队比赛小组防守分析（N＝8）

		均值	标准差	极小值	极大值
前场	成功/次	2.25	1.98	0.00	6.00
	失误/次	1.25	0.89	0.00	3.00
	成功率/%	56.13	34.65	0.00	100.00
中场	成功/次	18.13	9.06	8.00	32.00
	失误/次	10.25	6.02	5.00	23.00
	成功率/%	63.80	10.41	45.00	75.61
后场	成功/次	24.13	8.03	14.00	39.00
	失误/次	8.50	8.50	4.00	14.00
	成功率/%	73.80	73.80	63.64	84.38
全场	成功/次	44.50	15.20	25.00	65.00
	失误/次	20.00	6.39	10.00	29.00
	成功率/%	68.45	7.13	56.82	76.62

　　图 5-3 是中国队比赛前场、中场和后场小组防守成功率的比较。前场小组防守成功率最低,由于前场小组防守的次数较少,所以成功率很容易受到防守次数的影响(前场小组防守成功率数据仅供参考),表现为前场成功率曲线的波折度很大;中场的小组防守成功率为第二,与哈萨克斯坦队比赛小组防守成功率较低,而与叙利亚队比赛时小组防守成功率相对较高;后场小组防守成功率最高,成功率起伏变化也较小。中国队 8 场比赛小组防守数据如表 5-10 所示。

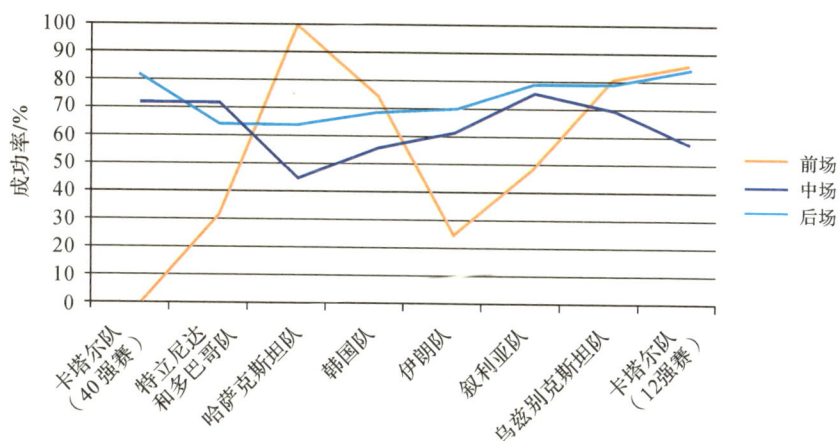

图 5-3　中国队比赛前场、中场和后场小组防守成功率比较

表 5-10 中国队小组防守行为数据统计

对手	前场			中场			后场			全场		
	成功/次	失误/次	成功率/%	成功/次	失误/次	成功率/%	成功/次	失误/次	成功率/%	成功/次	失误/次	成功率/%
卡塔尔队(40 强赛)	0	1	0.00	13	5	72.22	17	4	80.95	30	10	75.00
特立尼达和多巴哥队	1	2	33.33	18	7	72.00	21	12	63.64	40	21	65.57
哈萨克斯坦队	2	0	100.00	9	11	45.00	14	8	63.64	25	19	56.82
韩国队	3	1	75.00	18	14	56.25	31	14	68.89	52	29	64.20
伊朗队	1	3	25.00	8	5	61.54	21	9	70.00	30	17	63.83
叙利亚队	1	1	50.00	31	10	75.61	23	6	79.31	55	17	76.39
乌兹别克斯坦队	4	1	80.00	16	7	69.57	39	10	79.59	59	18	76.62
卡塔尔队(12 强赛)	6	1	85.71	32	23	58.18	27	5	84.38	65	29	69.15

三、中国队防守射门和定位球进攻综合分析

中国队防守射门和定位球进攻分析如表 5-11 所示。每场比赛防守禁区内射门平均成功 0.50 次,失误 3.25 次;防守禁区外射门平均成功 1.13 次,失误 3.00 次;防守角球平均成功 1.88 次,失误 1.00 次;防守前场 30 米任意球平均成功 3.50 次,失误 0.75 次;平均每场比赛失球 1.13 个。中国队 8 场比赛防守射门和定位球数据如表 5-12 所示。

表 5-11 中国队防守射门和定位球进攻分析(N=8)

		均值	标准差	极小值	极大值
防守禁区内射门	成功/次	0.50	0.53	0	1
	失误/次	3.25	2.25	0	7
防守禁区外射门	成功/次	1.13	1.46	0	4
	失误/次	3.00	1.85	0	5
防守角球	成功/次	1.88	1.64	0	5
	失误/次	1.00	0.93	0	2
防守前场 30 米任意球	成功/次	3.50	2.00	1	7
	失误/次	0.75	0.89	0	2
被进球/个		1.13	1.13	0	3

表5-12 中国队防守射门与定位球进攻数据统计

对手	运动战禁区内			运动战禁区外			角球			前场30米任意球			点球		合计		
	成功/次	失误/次	被进球/个	成功/次	失误/次	被进球/个	成功/次	失误/次	被进球/个	成功/次	失误/次	被进球/个	成功/次	失误/次	成功/次	失误/次	被进球/个
卡塔尔队（40强赛）	0	0	0	4	0	0	1	0	0	2	0	0	0	0	7	0	0
特立尼达和多巴哥队	1	2	1	2	3	0	1	2	1	3	0	0	0	0	7	7	2
哈萨克斯坦队	1	2	1	0	2	0	3	1	0	3	2	0	0	0	7	7	1
韩国队	0	7	1＋1*	0	4	0	1	0	0	7	1	1	0	0	8	12	3
伊朗队	1	5	0	2	4	0	5	2	0	3	0	0	0	0	11	11	0
叙利亚队	0	3	1	0	5	0	3	0	0	1	0	0	0	0	4	8	1
乌兹别克斯坦队	1	5	1	1	5	1	1	2	0	3	2	0	0	0	6	14	2
卡塔尔队（12强赛）	0	2	0	0	1	0	0	1	0	6	1	0	0	0	6	5	0

注：*为乌龙球。

第四节　中国队攻守转换综合分析

一、由守转攻综合分析

中国队比赛由守转攻分析如表 5-13 所示。前场由守转攻均值为 15.25 次;中场由守转攻均值为 47.63 次;后场由守转攻均值为 40.50 次;全场由守转攻均值为 103.38 次。

表 5-13　中国队比赛由守转攻分析(N＝8)

单位:次

	均值	标准差	极小值	极大值
前场	15.25	9.45	7	36
中场	47.63	18.98	27	83
后场	40.50	10.62	28	59
全场	103.38	27.50	81	155

图 5-4 是中国队比赛前场、中场和后场由守转攻频数的比较。前场由守转攻平均次数虽然最低,其标准差也最小,从前场频数曲线中也可以看出,中国队由守转攻在逐渐提高。中场由守转攻的频数曲线起伏最大,表明中国队的中场并不稳定,其中与伊朗队和乌兹别克斯坦队比赛明显较低,与叙利亚队和卡塔尔队(12强赛)比赛则发挥较好。后场由守转攻的次数相对较为稳定,与伊朗队比赛时后场发挥得较好。中国队 8 场比赛由守转攻数据如表 5-14 所示。

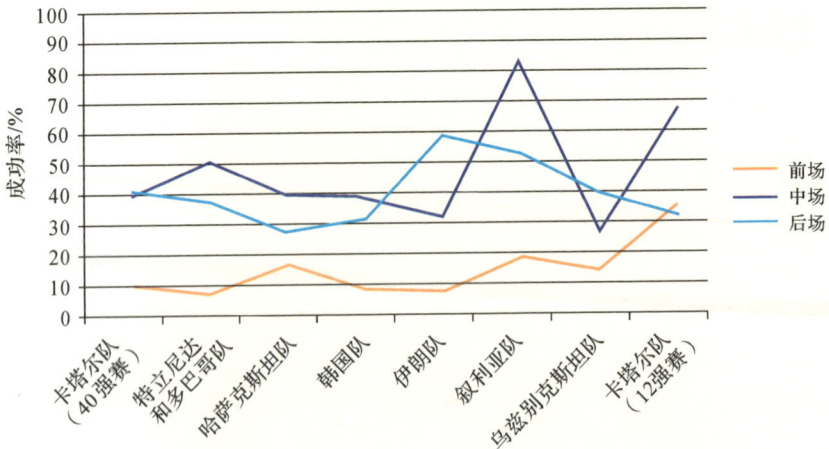

图 5-4　中国队比赛前场、中场和后场由守转攻比较

表 5-14 中国队比赛由守转攻数据统计

	卡塔尔队（40 强赛）	特立尼达和多巴哥队	哈萨克斯坦队	韩国队	伊朗队	叙利亚队	乌兹别克斯坦队	卡塔尔队（12 强赛）
前场	11	7	17	9	8	19	15	36
中场	40	51	40	40	32	83	27	68
后场	41	38	28	32	59	53	40	33
全场	92	96	85	81	99	155	82	137

二、由攻转守综合分析

中国队比赛由攻转守分析如表 5-15 所示。前场由攻转守均值为 49.00 次；中场由攻转守均值为 59.75 次；后场由攻转守均值为 12.50 次；全场由攻转守均值为 121.25 次。

表 5-15 中国队比赛由攻转守分析（N＝8）

单位：次

	均值	标准差	极小值	极大值
前场	49.00	18.83	25	84
中场	59.75	8.55	51	76
后场	12.50	6.50	6	24
全场	121.25	22.61	85	159

图 5-5 是中国队比赛前场、中场和后场由攻转守频数的比较。中国队前场由攻转守平均次数高于后场，其标准差也最大，每场比赛中场由攻转守的频数曲线起伏最大，从前场频数曲线中也可以看出其起伏比较大。中国队中场由攻转守相对比较稳定。中国队后场由攻转守的次数最低，且起伏最小。中国队 8 场比赛由攻转守数据如表 5-16 所示。

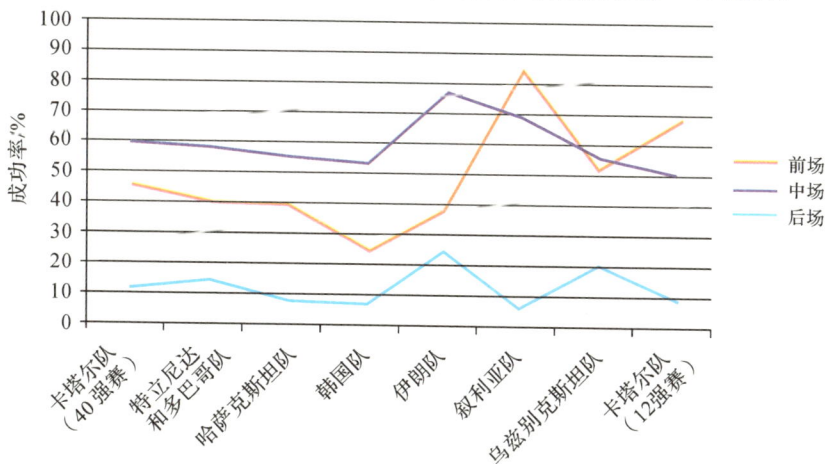

图 5-5 中国队比赛前场、中场和后场由攻转守比较

表 5-16　中国队比赛由攻转守数据统计

	卡塔尔队(40 强赛)	特立尼达和多巴哥队	哈萨克斯坦队	韩国队	伊朗队	叙利亚队	乌兹别克斯坦队	卡塔尔队(12 强赛)
前场	46	40	39	25	38	84	52	68
中场	60	58	55	53	76	69	56	51
后场	12	14	8	7	24	6	20	9
全场	118	112	102	85	138	159	128	128

第五节　中国队与对手主要技术实力指标比较

一、主要技术实力指标与雷达图

为了能够直观地比较比赛双方的技术实力,选取进球、失球、射门、被射门、角球、前场任意球、进攻成功、进攻失误、防守成功、防守失误、由攻转守和由守转攻等 12 项指标,采用雷达图的方式进行分析。

其中,进球、射门、角球、前场任意球、进攻成功、防守成功、由守转攻 7 项为效益指标,即数值越大,表明技术实力越强,从雷达图中表现为所围成的面积越大越好。

失球、被射门、进攻失误、防守失误、由攻转守 5 项为成本指标,即数值越大,表明技术实力越弱,从雷达图中表现为所围成的面积越小越好。

二、中国队与对手的比较与分析

(一)中国队与卡塔尔队(40 强赛)比赛的比较与分析

中国队与卡塔尔队(40 强赛)主要技术实力指标比较如图 5-6 所示。中国队在角球、射门、进攻、由守转攻等方面要好于对手。从雷达图形上看,本场比赛中国队占有较大的优势。

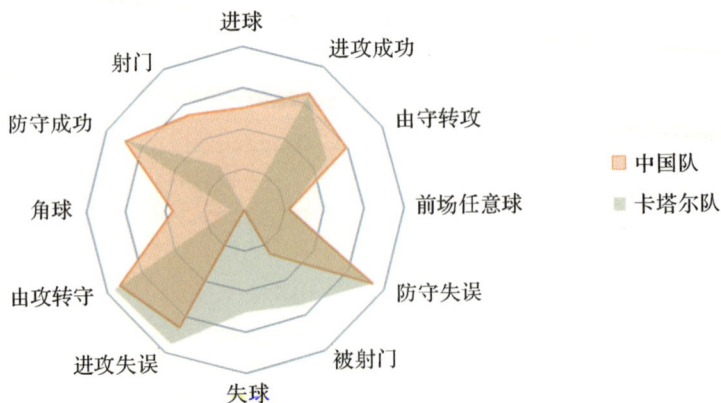

图 5-6　中国队与卡塔尔队(40 强赛)主要技术实力指标比较

（二）中国队与特立尼达和多巴哥队比赛的比较与分析

中国队与特立尼达和多巴哥队比赛主要技术实力指标比较如图 5-7 所示。中国队在角球、射门、进攻方面好于对手，但是防守成功、攻守转换方面不如特立尼达和多巴哥队。前场任意球两队差异不大。从雷达图形上看，中国队本场比赛有较大的优势。

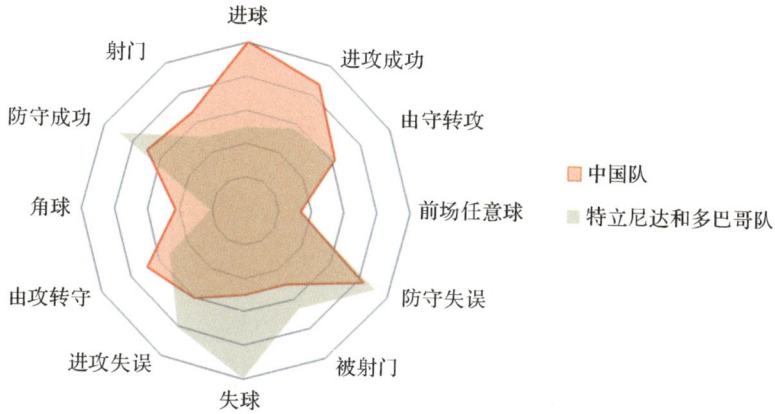

图 5-7　中国队与特立尼达和多巴哥队主要技术实力指标比较

（三）中国队与哈萨克斯坦队比赛的比较与分析

中国队与哈萨克斯坦队比赛主要技术实力指标比较如图 5-8 所示。在本场比赛中，中国队在进攻成功、由守转攻和前场任意球 3 项指标上好于哈萨克斯坦队，但是在射门、失球、进攻失误方面不如对手。另外，防守成功与由攻转守方面双方差异不大。从雷达图形上看，比赛双方的技术实力相差不多，但是在关键性的射门指标上，哈萨克斯坦队要好于中国队。

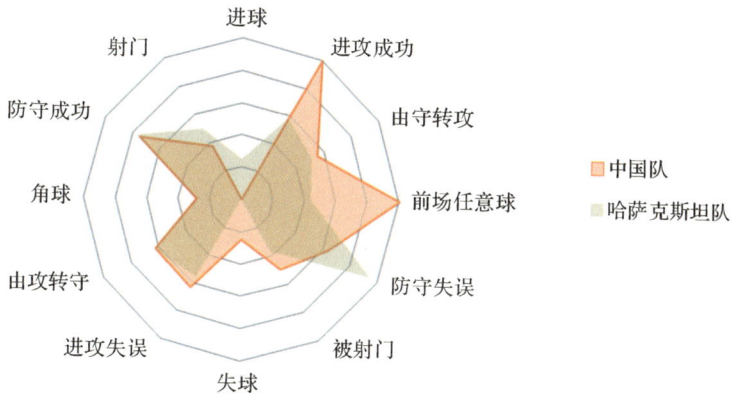

图 5-8　中国队与哈萨克斯坦队主要技术实力指标比较

（四）中国队与韩国队比赛的比较与分析

中国队与韩国队比赛主要技术实力指标比较如图 5-9 所示。中国队在角球和防守成功 2 项指标上好于对手，其他多数指标则不如韩国队，韩国队在射门、进球、进攻成功、前场任意球、防守失误上有一定的优势。由守转攻和由攻转守两队差异不大。从雷达图形上看，韩国队具有较大的优势。

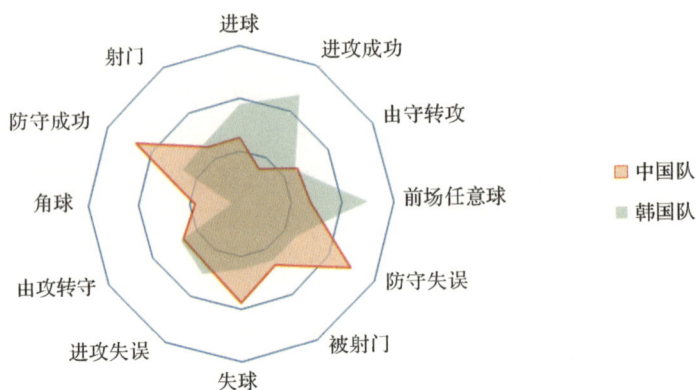

图 5-9　中国队与韩国队主要技术实力指标比较

（五）中国队与伊朗队比赛的比较与分析

中国队与伊朗队比赛主要技术实力指标比较如图 5-10 所示。该场比赛尽管比分为 0∶0，但从雷达图形上看，双方比赛技术实力有一定的差距。中国队在角球、射门、防守成功与失误、进攻失误、由攻转守上要明显弱于对手，只是在前场任意球上要强于对手。

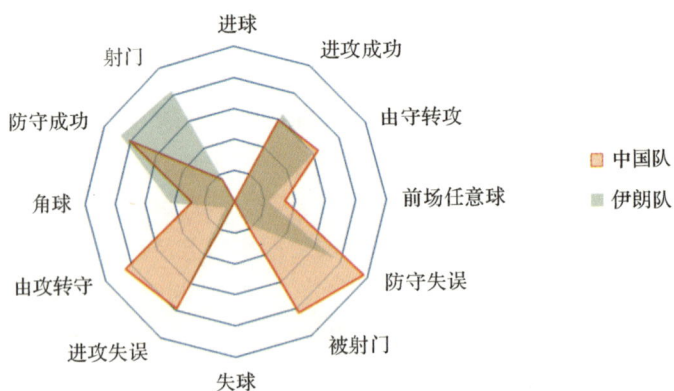

图 5-10　中国队与伊朗队主要技术实力指标比较

（六）中国队与叙利亚队比赛的比较与分析

中国队与叙利亚队比赛主要技术实力指标比较如图 5-11 所示。中国队在角球、进攻成

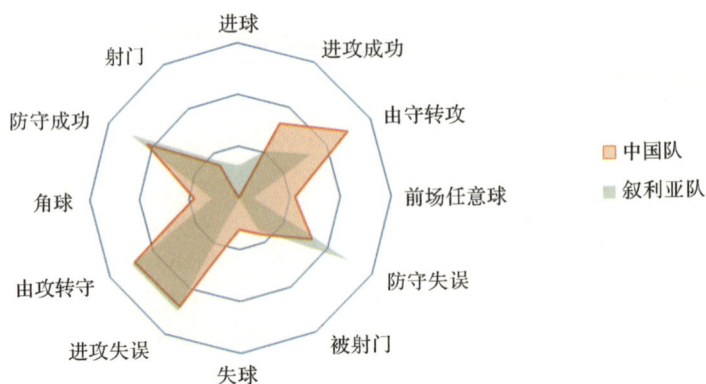

图 5-11　中国队与叙利亚队主要技术实力指标比较

功、由守转攻、前场任意球、防守失误方面有一定的优势。在进攻失误和由攻转守 2 项指标上双方比较接近。从雷达图形上看,中国队具有一定优势,但未能赢得比赛。

（七）中国队与乌兹别克斯坦队比赛的比较与分析

中国队与乌兹别克斯坦队比赛主要技术实力指标比较如图 5-12 所示。中国队在射门、进球、进攻、由守转攻、由攻转守、前场任意球、防守失误等主要指标上不如乌兹别克斯坦队,只是在角球和防守成功 2 项指标上略好于对手。从雷达图形上看,中国队本场比赛的技术实力发挥与对手有不小的差距。

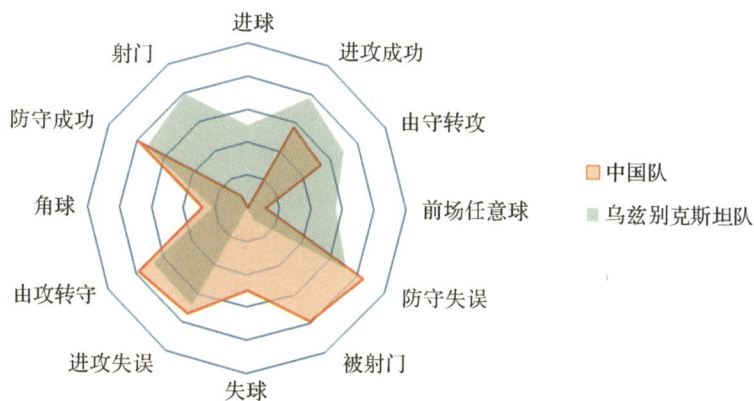

图 5-12　中国队与乌兹别克斯坦队主要技术实力指标比较

（八）中国队与卡塔尔队（12 强赛）比赛的比较与分析

中国队与卡塔尔队（12 强赛）主要技术实力指标比较如图 5-13 所示。中国队在角球、射门、进攻、由守转攻、防守失误等方面明显好于对手,仅仅在防守成功 1 项指标上,卡塔尔队做得比较好。本场比赛比分虽然为 0∶0,但从雷达图形上看,中国队技术实力发挥要明显好于对手。

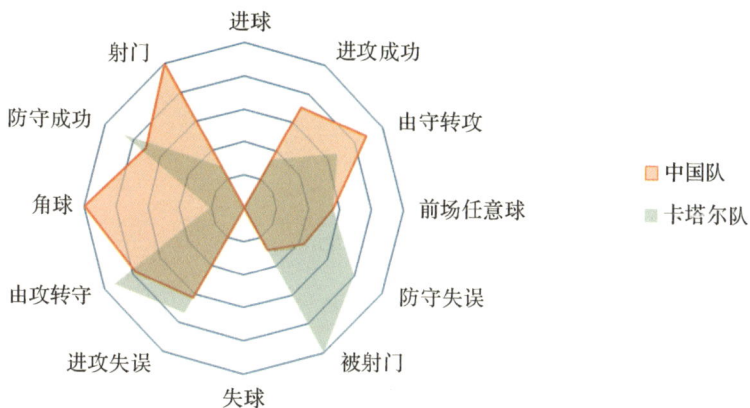

图 5-13　中国队与卡塔尔队（12 强赛）主要技术实力指标比较

参考文献

［1］CARLING C，WILLIAMS A M，REILLY T. Handbook of Soccer Match Analysis：A Systematic Approach to Improving Performance［M］. London：Rutledge，2005.

［2］EL-NASR M S，DRACHEN A，CANOSSA A. Game Analytics：Maximizing the Value of Player Data［M］. London：Springer-Verlag London，2013.

［3］REILLY T，WILLIAMS A M. Science and Soccer［M］. London：Rutledge，2003.

［4］陈小虎,李春满,黄竹杭.职业足球比赛对手技战术分析研究［J］.北京体育大学学报，2015,38(12):120-127.

［5］邓达之.足球训练［M］.北京:人民体育出版社,1999.

［6］何志林.现代足球［M］.北京:人民体育出版社,2000.

［7］李宝耕,方纫秋,等.足球词典［M］.上海:上海辞书出版社,1995.

［8］斯蒂芬亚.亚足联 A 级教练员培训教程［R］.北京:中国足球协会,2014.

［9］王崇喜.球类运动——足球［M］.北京:高等教育出版社,2005.

［10］赵刚,陈超.足球比赛表现研究方法和评价指标体系研究［J］.体育科学,2015,35(4):72-81.

［11］中国足球协会.足球竞赛规则(2009/2010)［M］.北京:人民体育出版社,2009.

［12］中华人民共和国国家体育运动委员会.足球［M］.北京:人民体育出版社,1997.